凤凰枝文丛

孟彦弘　朱玉麒　主编

汗室读书散记

王子今　著

凤凰出版社

图书在版编目（CIP）数据

汗室读书散记 / 王子今著. -- 南京 ： 凤凰出版社，
2022.1
（凤凰枝文丛 / 孟彦弘，朱玉麒主编）
ISBN 978-7-5506-3502-9

Ⅰ．①汗… Ⅱ．①王… Ⅲ．①史学－文集 Ⅳ．
①K0-53

中国版本图书馆CIP数据核字(2021)第200943号

书　　　名	汗室读书散记	
著　　　者	王子今	
责 任 编 辑	张永堃	
特 约 编 辑	孙思贤　　蔡谷涛	
书 籍 设 计	徐　慧	
出 版 发 行	凤凰出版社(原江苏古籍出版社)	
	发行部电话025-83223462	
出版社地址	江苏省南京市中央路165号，邮编：210009	
照　　　排	凤凰零距离数字印前中心	
印　　　刷	苏州市越洋印刷有限公司	
	江苏省苏州市吴中区南官渡路20号　邮编：215104	
开　　　本	880毫米×1230毫米　1/32	
印　　　张	10.5	
字　　　数	210千字	
版　　　次	2022年1月第1版	
印　　　次	2022年1月第1次印刷	
标 准 书 号	ISBN 978-7-5506-3502-9	
定　　　价	68.00元	

（本书凡印装错误可向承印厂调换，电话:0512-68180638）

王子今

王子今，1950年12月生于哈尔滨。毕业于西北大学历史系考古专业、中国古代史专业。现任西北大学教授，兼任中国文物保护基金会第四届专家委员会委员、中国秦汉史研究会顾问、中国河洛文化研究会副会长。曾任中共中央党校文史教研部教授、北京师范大学历史系教授、中国人民大学国学院教授、香港科技大学人文学院访问教授、北京大学历史学系兼职教授。曾兼任国务院学位委员会第六届、第七届学科评议组成员。出版《秦汉交通史稿》《史记的文化发掘》《古史性别研究丛稿》《秦汉时期生态环境研究》《秦汉史：帝国的成立》《秦汉边疆与民族问题》《匈奴经营西域研究》《秦汉儿童的世界》《秦始皇直道考察与研究》《插图秦汉儿童史》《中国盗墓史》《中国女子从军史》等学术专著。

弁 言

　　"凤凰台上凤凰游"，是李白《登金陵凤凰台》之诗句，昔年我江苏古籍出版社立足南京、弘扬文史，而更名所由也。

　　"碧梧栖老凤凰枝"，是杜甫《秋兴八首》所吟咏，今日我凤凰出版社为学林添设新枝，而命名所自也。

　　30多年来，凤凰出版社围绕中华传统优秀文化，彰显传承文明、传播文化、服务大众、贡献学术的出版理念，坚持以整理出版中国文、史、哲古籍及其研究著作为主的专业化方向，蒙学界旧雨新知之厚爱、扶持，渐已长大成为"碧梧"，招引了学界"凤凰"翩然来栖。箫韶九成，凤翥凰翔！嘤其鸣矣，求其友声！

　　"凤凰枝文丛"是本社与学界同人共同打造之文史园地，除学术研究论文外，举凡学人往事、经典品评、学术札记之文化随笔，旧学新知，无所不包。是作者出诸性情而诗意栖息之地，读者信手撷取而涵泳徜徉之处。

　　"凤凰鸣矣，于彼高冈。梧桐生矣，于彼朝阳。"

　　愿"凤凰枝文丛"成为我们共同的文化家园。

2019.5.22

序言

　　《汗室读书散记》收拾了近年学术随笔43篇，承朱玉麒教授美意及凤凰出版社的鼓励和支持，编集在一起，也算是学术路上蹒跚行进所留下的一行脚印。

　　这些文字编列为五辑。

　　第一辑"天则人事"，大致是史家历来关心的天人关系方面的思考心得。我曾经在香港科技大学人文学部和中国人民大学国学院授课"中国古代生态环境史"，又曾出版《秦汉时期生态环境研究》。有些扩展性的思索，先后以短文形式发表，这里有所集合。《猫的驯宠史》一文的探索，曾经得到李学勤先生的鼓励，指出"这是一个大问题，不是一个小问题"。只是后来的相关考察，没有能够实现应有的学术推进。

　　第二辑"学海针经"，以一组小文申明了前辈强调的学术规范应当予以坚持的意见，对于长期敬仰的学界师长与模范，也表达了有志追随的心愿。

第三辑"古董新识"，其中编入了几篇关于古文献、古文物研究论著的书评。也有相关问题的学术思考的总结。《盗墓：文化史观察与道德史拷问》一文，是在《中国盗墓史》再版之后若干新的想法的表述。

第四辑"读史蠡酌"，是并不很整齐的若干篇随笔的集合。关于"文化节奏"的三篇，《迟速和缓急：中西文化节奏的比较》《文化节奏的区域差别》《文化节奏的时代差别》《文明进步的加速度》，是在拙著《中国文化节奏论》（陕西人民教育出版社，1998年）面世后应《学习时报》总编辑钟国兴之约撰写的通俗版短文。《竹枝词的文化品质》《关于清代海外竹枝词》则是协助家母王慎之完成《清代海外竹枝词》（北京大学出版社，1994年）、《历代竹枝词》（陕西人民出版社，2003年）时所作。

第五辑"简端杂记"，是内容更散漫的散记。有些是读书时的片段随想。《崔家的"豆瓣酱"》《关于"仙人""王子今"：海外汉学论著的"古文词"汉译》就汉文文献的回译问题谈了一些意见。现在已经是七十多岁的老人了，对于个人读书史的回味，无论是短时段的还是长时段的，我认为都有点滴的意义。

目录

第一辑　天则人事

003　史前的生态形势

008　古代的"月令"

013　唐诗的绿色意境

018　猫的驯宠史

038　古代文人的"友鹤"情致

046　古人的"雪花"歌咏

053　天上人间的时间比

第二辑　学海针经

063　清代考据家的学术道德

068　民国学人的"国学"理念和"国学"实践

098　陈梦家与流落美国的中国青铜器

103　李学勤"四海寻珍"

109　史学的"工笔"

116　《缪钺全集》出版感言

120　史学论著的"燕瘦环肥"：说"读史札记"的意义

第三辑　古董新识

129　古董的"神韵"

141　《闽北古陶录》读记

147　青铜器研究新人新作

152　对诸子之学的一项重要贡献：《鹖冠子汇校集注》

158　面向世界的中国考古学：读《王仲殊文集》

163　汉唐艺术的闳放气象

168　一部手绘的草原交通史料

177　古旧塔影，清新风铃：读徐进主编《陕西古塔全编》

183　从中国到朝鲜的"忠义"宣传

188　盗墓：文化史观察与道德史拷问

第四辑　读史蠡酌

201　称谓史与社会史

204　中国古代的路权问题

216　"劳工神圣"和"劳作神圣"

222　说"权"解"益"

225　迟速和缓急：中西文化节奏的比较

230　文化节奏的区域差别

235　文化节奏的时代差别

239　文明进步的加速度

245　读史可以益心

251　"史识"与电脑"利器"

260　竹枝词的文化品质

264　关于清代海外竹枝词

第五辑　简端杂记

271　说"智生于忧患"

274　大学最好的风景是书的园林

278　崔家的"豆瓣酱"

292　关于"仙人""王子今"：海外汉学论著的"古文词"
　　　汉译

306　有书真富贵

309　个人读书史的最初页面

316　庚子读书岁末删拾

第一辑　天则人事

史前的生态形势

　　古代希腊的神话中，保留有关于史前史的片断记忆。其中说到一个被称作"黄金时代"的历史阶段。古希腊诗人赫西俄德在《工作与时日》中描述当时人们无忧无虑地"享受盛宴的快乐"的情形："他们拥有一切美好的东西。肥沃的土地自动慷慨地出产吃不完的果实。他们和平轻松地生活在富有的土地上。羊群随处可见，幸福的神灵眷爱着他们。"中国先秦两汉的思想家追述远古历史，也曾经描绘出富有理想主义色彩的画面。据说当时社会生活节奏从容平和，人们的消费品直接取获于自然，可以得到基本的满足。《庄子·盗跖》说，"神农之世，卧则居居，起则于于。……此至德之隆也"。《淮南子·览冥训》和《白虎通·号》也有类似的说法。《淮南子·本经训》也写道，"古之人，同气于天地，与一世而优游"，"衣食有余，家给人足"，"天下和洽，人得其愿"。所谓"同气于天地"，形容人与自然的关系相当和谐。

当然，对于所谓"黄金时代"的神话，必须用历史主义的眼光进行分析。我们知道，远古先民在取得自然的丰厚馈赐的同时，也受到自然的严重禁制。原始人群无力抗御天灾，世界许多民族共有的洪水传说，显示原始社会曾经经历了怎样的毁灭性的灾难。远古时代人们的平均寿命很短。正如《韩非子·五蠹》所谓"上古之世……民食果蓏蚌蛤，腥臊恶臭，而伤害腹胃，民多疾病"，《淮南子·修务训》所谓"古者，民茹草饮水，采树木之实，食蠃蚌之肉，时多疾病毒伤之害"。《史记·货殖列传》中记述当时社会发展进程较为落后的江南地区的情形，也可以引为参考。司马迁写道："江南卑湿，丈夫早夭。"楚越之地，地广人稀，人们"果隋蠃蛤"，不需要较高层次的经济形式，消费需求就可以得以满足，由于自然条件"饶食"，所以"无饥馑之患"，以致民间"无积聚而多贫"，因此，"江淮以南，无冻饿之人，亦无千金之家"。没有物资的积累，当然也就谈不到文明发育的条件。

我们通常所说的社会的发展，往往是以对自然环境的破坏为代价的。其实人类历史的最初进步，就意味着人对自然的宣战。人口数量的增长和消费需求的扩张，使得社会经济形式从以渔猎和采集为主转变到以农耕为主。于是，原有自然植被首先遭受破坏。

《吕氏春秋·荡兵》有"黄、炎故用水火"的说法，或许反映以黄帝为名号的部族联盟可能曾经以河滨作为早期发展的基地，而以炎帝为名号的部族联盟则如《帝王世纪》所说，"本起烈山，或称烈山氏"，起初比较重视山林的开发。

据《说文·火部》："炎，火光上也。""炎"字的本义，就是炽燃的"火"。炎帝部族联盟"以火德王天下"，"为火德之帝"（《吕氏春秋·孟夏纪》高诱注），"死为火神"（《淮南子·时则训》高诱注）的传说，很可能体现了远古时代利用"火"垦荒农作的历史性进步。炎帝"火德"传说的发生，是农耕业发展必然经过的历史阶段的反映。这就是在茫茫山野原生林密集的情况下，人们不得不利用火耕手段拓荒营田，进行最基本的种植业开发。传说中的炎帝，或许可以看作发明和推广"刀耕火种"农业技术的先驱。炎帝时代，中国原始农耕技术发展呈示出第一个高峰，于是炎帝有"神农"之号。

炎帝烧田火耕，可能是受到天火导致的森林火灾的启发。森林火灾，在远古时代是频繁发生的。作为非常的自然景观，森林火灾很容易被当时的人们看作神异之象。对于古代"烛龙"传说有多种解释，有人说是北极光，有人说是火山喷发，也有人解释为森林发生严重火灾时上腾的烟焰。《玄中记》卷上说："南方有炎火山焉……四月而生火，十二月火灭。正月、二月、三月火不然，山上但出云气而草木生枝条。至四五月火然，草木叶落，如中国寒时。"所谓"四月生火"，正暗示导致火灾的主要因素可能是雷电。而所谓"火不然，山上但出云气而草木生枝条"，反映当时的人们已经掌握了利用林火之后地面得以廓清、土壤得到灰肥的条件进行作物栽培的知识和技术。

炎帝时代，可能是原始森林第一次受到大规模人为破坏的历史阶段。

推想在这一历史阶段，起初人们可能尚未成功掌握限定烧荒范围的技术，又由于当时人们甚至没有对火势加以严格控制的意识，这些因素都会导致烧荒过度的"火灾"的频繁发生，一些对于维持合理生态条件十分有益的林区于是往往无端地成为"委火炎风之野"（《淮南子·时则训》）。

《淮南子·氾论训》所谓"炎帝于火而死为灶"，可能具有某种象征意义。暗示在农耕技术发展到一个新的阶段之后，原始"火种"的形式已经被跨越。同书《兵略训》说，"炎帝为火灾，故黄帝擒之"。或许就是这一历史过程的反映。而当时相应人类活动的生态史影响，或许体现为大面积原生林区的过度破坏已经有所遏止。

远古先民对自然环境的感知能力以及与自然环境的亲和关系，可能都是远远超乎现代人想象的。他们基于千万年来与自然相处的种种经验，初步形成了原始的生态保护意识。这种意识具有浓重的神秘主义色彩，似乎与我们今天所说的"科学"相距甚远，但是其中却体现出人类早期维护正常生态环境的某种朦胧的自觉,因而特别值得珍重。这种意识往往表现于民间礼俗之中,后来有人把其中部分内容记录下来,于是形成了我们今天所看到的可以体现古人生态观的宝贵文献——"月令"。

原载于《学习时报》2002 年 10 月 21 日

古代的"月令"

秦国名相吕不韦是一位行迹奇异的历史闻人。他资助秦始皇的父亲登上王位，成为中国历史上以个人财富影响政治进程的第一人。以"定国立君"之功封侯的吕不韦又为秦国实现统一作出了贡献。他的另一突出功业，是招致天下之士，著书《吕氏春秋》。《吕氏春秋》有《十二纪》，《吕氏春秋·序意》写道，有人问这部书中《十二纪》的思想要点，吕不韦有明确的回答，即要调整天、地、人的关系使之和谐，要点在于无为而行。吕不韦的这段话，很可能是当时说明《吕氏春秋》中《十二纪》写作宗旨的序言，全书的著述意图，自然也可以因此得到体现。

《吕氏春秋》的《十二纪》系统地写述了一年十二个月的天象规律、物候特征、生产程序以及应当分别注意的诸多事项。其中涉及生态保护的内容，特别值得我们重视。

例如，孟春之月，"命祀山林川泽，牺牲无用牝。禁止伐木，无覆巢，无杀孩虫胎夭飞鸟，无麛无卵"。就是说，要祭祀山林川泽之神，所献祭品不得用雌性禽兽，当月还禁止伐树，不得毁坏鸟巢，不得杀害怀孕的动物，不得杀害幼小的动物，不得取禽类的卵。仲春之月，"无竭川泽，无漉陂池，无焚山林"。禁止破坏水源，也禁止焚烧山林。季春之月，"田猎罬弋，罝罘罗网，馁兽之药，无出九门"，"无伐桑柘"。禁止各种形式的猎杀禽兽行为，也不许伐取桑树和柘树。此外又有孟夏之月不许进行大规模的围猎，仲夏之月不许烧炭，季夏之月禁止砍伐山林等规定。

《逸周书》的《周月解》《时训解》《月令解》等篇，以及《礼记·月令》《淮南子·时则训》等，也有大体相近的内容。

汉初名臣晁错在一篇上奏皇帝的文书中发表了有关生态保护的言辞。其中说道："德上及飞鸟，下至水虫草木诸产，皆被其泽。然后阴阳调，四时节，日月光，风雨时。""德"及草木，万物"皆被其泽"的说法，当然是儒学的宣传。论者认为只有这样，才能"四时节""风雨时"。这其实是值得重视的体现当时生态观的表述。应当说在生态保护史上，发表了一种开明的见解。

《汉书》卷七四《魏相传》记载，汉宣帝时，御史大夫魏相上书引述《明堂月令》的内容，主张顺应阴阳四时执政，他说：执政者的行为"奉顺阴阳"，则"风雨时节，寒暑调和"，"灾害不生"，五谷丰登，"民不夭疾，衣食有余"。否则即"风雨不时"，"农桑伤，则民饥寒"。所谓"风雨时节",是汉代民间对理想生态的习惯表达形式。《淮南子·览冥训》说到"风雨时节,五谷丰孰"。《汉书》卷二八下《地理志下》说到地方地理人文条件"有和气之应"时,也使用了"风雨时节,谷籴常贱"的说法。汉代铜镜铭文中常见"风雨时节五谷孰""风雨时节五谷熟"的文句,或者又写作"风雨常节五谷熟","风雨时,五谷孰,得天力","风雨时节五谷成,家给人足天下平"等,都表达了对气候正常的祈祝。袁宏《后汉纪》卷二二载汉桓帝延熹八年(165)刘淑对策,以"仁义立则阴阳和而风雨时"为主题,也体现了同样的社会愿望。

以"月令"指导政策,可能在西汉中期以后更为明确。《汉书》卷八《宣帝纪》记录元康三年(前63)六月诏:"其令三辅毋得以春夏摘巢探卵,弹射飞鸟。具为令。"春夏两季不得破坏鸟巢,探取鸟卵,射击飞鸟,正是"月令"所强调的保护生态环境的禁令。如《吕氏春秋·孟春纪》:"无覆巢,无杀孩虫胎夭飞鸟,无麛无卵。"《礼记·月令》:"毋覆巢,毋杀孩虫胎夭飞鸟,毋麛毋卵。"成书于西汉中晚期的《焦氏易林》有"秋冬探巢"的内容,说明"毋得以春夏摘巢探卵"的制度确实得以实行。

《汉书》卷九《元帝纪》记载,汉元帝初元三年(前46)六月,因气候失常,"风雨不时",诏令:"有司勉之,毋犯四时之禁。"又永光三年(前41)十一月诏书以地震雨涝之灾,责问:"吏何不以时禁?"唐代学者颜师古解释说，所谓"时禁"，就是"月令"中所规定严令禁止的内容。《汉书》卷一〇《成帝纪》也记载：阳朔二年（前23）春季，气候寒冷异常。汉成帝颁布诏书指责公卿大夫等高级行政长官"所奏请多违时政"，要求"务顺四时月令"。对于所谓"多违时政"的指责，有学者解释说，"时政"就是"月令"。汉哀帝初即位，李寻就灾异频繁发表意见，以为"四时失序"，与"号令不顺四时"有关。他批评"不顾时禁"的行政失误，强调应当"尊天地，重阴阳，敬四时，严月令"。他说："今朝廷忽于时月之令。"又建议皇帝身边的臣下都应当"通知月令之意"，如果皇帝颁布的命令有不合于"时"的，应当及时指出，"以顺时气"。李寻的奏言，也强调了"月令"的权威。李寻自称曾经"学天文、月令、阴阳"，可知西汉时"月令"已经成为专学，被列入教育内容之中。

近年甘肃敦煌悬泉置汉代遗址发掘出土的泥墙墨书《使者和中所督察诏书四时月令五十条》，其中有生态保护的内容。如"孟春月令"有"禁止伐木"的条文，又解释说，直到八月，大小树木都不得砍伐，待秋后"草木零落"时，才可以有选择地砍伐。当月又有不许破坏鸟巢的禁令，规定甚至空巢也不许毁坏。破坏空巢的禁令执行到夏季。如果巢中有鸟和鸟卵，则全年都禁止破坏。又规定，只要不伤害人类的蛇虫，在九月之前都不得杀害。不许杀害怀孕有胎的动物，则是全年"常禁"。不得杀害幼鸟的规定，

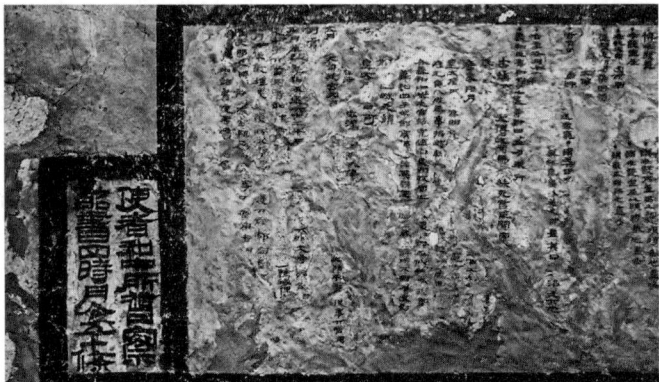

悬泉置壁书《四时月令五十条》（局部）

也同样是全年"尽十二月常禁"。保护幼弱走兽的禁令，则执行至九月底。这篇文字开篇称"大皇大后诏曰"，日期为"元始五年五月甲子朔丁丑"，时在公元5年，是明确作为最高执政者的最高指令——诏书颁布的。书写在墙壁上，是为了扩大宣传，使有关内容能够众所周知。

《明史》卷七四《职官志三》写道："荐新，循月令献其品物。"太平天国文献中也可以看到这样的内容："特命史官作月令，钦将天历记分明；每年节气通记录，草木萌芽在何辰。"说明"月令"作为一种文化存在，有久远的历史影响。当然，其中有生态保护意义的内容，在不同的时代，所受到重视的程度也是不同的。

原载于《学习时报》2002年11月18日

唐诗的绿色意境

唐人李章《春游吟》有"初春遍芳甸，千里霭盈瞩。美人摘新英，步步玩春绿"的诗句，体现出对"春绿"的欣赏。又如徐铉《柳枝词》："百草千花共待春，绿杨颜色最惊人。天边雨露年年在，上苑芳华岁岁新。"其实说的也是"春绿"。又有《咏青》诗可见"雾辟天光远，春回日道临。草浓河畔色，槐结路旁阴"句。所谓"青"，其实也是我们今天所说的"绿"。诗句虽然平常，也透露出对春日回临时碧绿的林光草色的满心欢悦。元稹《早春寻李校书》诗写道："款款春风淡淡云，柳枝低作翠袿裙。梅含鸡舌兼红气，江弄琼花散绿纹。带雾山莺啼尚小，穿沙芦笋叶才分。今朝何事偏相觅？撩乱芳情最是君。"能够"撩乱芳情"，使诗人动心的，正是春光绿色。

其实，唐人诗作中对"绿"色的歌咏，并不仅仅表现于对"春"的热情。诗人笔下对"绿"的赞美，往往还深含着一种对自然的亲和之心和爱重之情。孙逖的"河边淑气迎芳草，林下轻风待落梅"，贾至的"千条弱柳垂青琐，百啭流莺绕建章"，王维的"漠漠水田飞白鹭，阴阴夏木啭黄鹂"，柳宗元的"泉回浅石依高柳，径转垂藤间绿筼"，张籍的"阊门柳色烟中远，茂苑莺声雨后新"，温庭筠的"野船着岸偎春草，水鸟带波飞夕阳"，许浑的"紫芝翳翳多青草，白石苍苍半绿苔"，赵嘏的"芰荷香绕垂鞭袖，杨柳风横弄笛船"，雍陶的"新水乱侵青草路，残烟犹傍绿杨村"，韦庄的"江亭系马绿杨短，野岸维舟春草齐"等，这些写景抒情的名句，都把自然生机的丰满和轻盈，充实和鲜丽，萌动和生长，描绘得十分活泼新鲜。没有对自然的细致观察和深入理解，笔端是不可能生出如此生动的文字的。而在这种观察和理解的背后，是对自然的倾心热爱。

我们还看到，在"绿"色背景的衬映下，又有"白鹭""黄鹂"富有生机的歌舞。钱起《山中酬杨补阙见过》有这样的诗句："日暖风恬种药时，红泉翠壁薜萝垂。幽溪鹿过苔还静，深树云来鸟不知。""绿"色之中，也有鹿迹和鸟影。金圣叹就此评点道："言暖日恬风，通身和畅，弗与世及，世亦弗及，真为无量快乐也！"这样的理解，可能是比较切近作者心境的。诗人在"幽溪""深树"之间，与山鹿、飞鸟为侣，正是在自然之中享受自然之乐，"无量快乐"的说法，确实是妥帖的。对于韦应物《寓居沣上精舍寄于张二舍人》诗中"万木蔽云出香阁，西连碧涧竹林园。高斋独宿远山曙，微霭下庭寒雀喧"，金圣叹又说："此不止是妙诗，直是妙画，且不止是妙画，直是禅家所谓妙境，乃至所谓妙理者也。"如果我们借用金说所谓"妙境""妙理"来作为唐人诗作中类似文句所透露的生态观的评价，可能也是适宜的。

人和自然的亲近与融合，可以休息体力，净化心胸，涵养精神，赵嘏的诗句"暂息劳生树色间""清阴长在好相容"等，片断透露出相关的意思。在他的笔下，"三年踏尽化衣尘，只见长安不见春"，也就是因忙碌世务，追求浮名，博取富贵，而淡漠了和自然的关系的情形，是受到批评。这种观念的产生，有传统农耕社会的文化背景，然而以现代眼光考察，也应当注意到其中值得肯定的人生智慧和科学思想。

爱惜和保护生态环境，在唐代开明士人中可以说已经形成了某种共识。郎士元诗"门通小径怜芳草"，皇甫曾诗"独悲孤鹤在人群"，都隐约体现了这种意识。对于生态的破坏，有识见的诗人都是持否定态度。韦庄《天井关》诗说到修筑关城而使当地植被和相关自然生态受到破坏性影响的情形："太行山上云深处，谁向深云筑女墙。""劚开树绿为高垒，截断峰青作巨防。"有人评价这首诗时，试图从批评不务德乃务险的视角来分析。其实，如果以生态保护的眼光观察，应当看到对"劚开树绿""截断峰青"

的批评，也曲折表达了保护自然生态的观念。虞世南诗中"摧残古木秋"的叹息，也深含对"树绿"的怜爱。又如寒山诗："昨见河边树，摧残不可论。二三余干在，千万斧刀痕。霜凋萎疏叶，波冲枯朽根。"虽然"霜凋""波冲"的不幸是由于自然因素，而"千万斧刀痕"，则是由于人为的"摧残"。

王建《题金家竹溪》诗说到"山头鹿下长惊犬，池面鱼行不怕人"，实际上涉及人和野生动物的关系。他的《寄旧山僧》诗又写道："猎人箭底求伤雁，钓户竿头乞活鱼。"则表扬了保护动物，爱助生命的行为。对于在山林中享有自由的野生鹿，寒山也以这样的诗句反对将它们与自然环境分隔："鹿生深林中，饮水而食草。伸脚树下眠，可怜无烦恼。系之在华堂，肴膳极肥好。终日不肯尝，形容转枯槁。"其实，魏晋时山巨源荐举嵇康，嵇康在回信中就曾经说到被羁驯的"禽鹿"的悲哀："虽饰以金镳，飨以嘉肴，愈思山林，而志在丰草。"韦应物《述园鹿》诗有"野性本难畜，玩习亦逾年"，"不得游山泽，蹢躅诚可怜"句。他在《虞获子鹿》诗中还写道，管理山泽的官员捉获小鹿，在城边畜养，园中有美草清流，然而"谁知其思，岩谷云游"，还是渴望回到自由的天地。萧颖士《仰答韦司业垂访》诗中也说："呦呦食苹鹿，常饮清泠川。但悦丰草美，宁知牢馔鲜。"主人以罗网捕捉，在园林豢养，然而鹿却"俯仰转惊惕，徘徊独忧煎；缅怀云岩路，欲往无由缘"。诗人于是感叹道："物各有所好，违之伤自然。"李白《赠新平少年》诗所谓"摧残槛中虎，羁绁韝上鹰"，也有相近的意思。齐己《谢南平王赐山鸡》："五色文章类彩鸾，楚人罗得半摧残。金笼莫恨伤冠帻，玉粒颁惭剪羽翰。孤立影危丹槛里，双栖伴在白云端。上台爱育通幽细，却放溪山去不难。"也主张将野生禽鸟放归自然。

这些诗句有些另有深意，可以作政治寓言理解，但是用这样的形式，借对生态条件的分析来说明世事人生的道理，也足以反映，当时一定社会层次生态观念中的理性成分，人们已经能够用成熟的方式表达了。

原载于《学习时报》2003 年 4 月 7 日

猫的驯宠史

汉代通行识字课本《急就篇》中，有"虎熊犴狸猫貂狼"一句。"猫"是被明确列在野兽之中的。据《逸周书·世俘》记载，周武王克殷之后，在殷商的王家苑囿大行围猎，所获禽兽甚多："武王狩，禽虎二十有二、猫二、麋五千二百三十五、犀十有二、牦七百二十有一、熊百五十有一、罴百一十有八、豕三百五十有二、貉十有八、麈十有六、麝五十、鹿三千五百有八。"其中所擒"猫二"，列于"虎二十有二"之后，作为野生动物，也是引人注目的。《诗·大雅·韩奕》写道："有熊有罴，有猫有虎。""猫"野生的性质也是比较明确的。宋人罗愿《尔雅翼》卷一八以为这里所说的"猫"本是"虎"类动物："《周书》记武王之狩，'禽虎二十有二，猫二'，则是虎之类也。"明人季本撰《诗说解颐·正释》卷二五也写道："猫，亦虎类也。"又说："熊罴猫虎皆可以供裘。"清人陈启源在《毛诗稽古篇》卷二二也持同样的认识："猫，非捕鼠之猫。""猫者，虎类也。"看来，有相当多的学者认为周武王狩猎所得之"猫二"属于虎一类猛兽。

清人姚炳撰《诗识名解》卷六说到"狸"的类种，有猫狸、虎狸、九节狸、香狸、牛尾狸、玉面狸等。其中有的似乎和野生"猫"有某种关系："狸有数种。旧说大小似狐，毛杂黄黑，有斑如猫，圆头大尾者，为猫狸。善窃鸡鸭，肉臭不可食，斑如貙虎，方口锐头者，为虎狸。食虫鼠果实，似虎狸，尾黑白钱文相间者，为九节狸。皮可为裘领。《宋史》：安陆州贡埜猫、花猫二种。即此是也。文如豹而作麝香气者，为香狸，即灵猫。南方白面尾似狐者，为牛尾狸，亦名白面狸。善缘树，食百果。《广雅》云：玉面狸，人捕畜之，鼠帖服不敢出。"这种"玉面狸"，据说是可以捕来驯畜，以防止鼠害的。

传统腊祭礼仪，包括"猫虎"之祭。这一礼仪直到相当晚近的时代依然得以沿袭。比如《旧唐书》卷二四《礼仪志四》写道："五方之猫、於菟及龙、麟、朱鸟、白虎、玄武，方别各用少牢一，各座笾、豆、簠、簋、俎各一。"《新唐书》卷一二《礼乐志二》所列次序则是"虎、猫"。有人说，"猫虎"之祭，是因为"猫虎"是农田之害鼠和豕的天敌。"猫虎"之祭，应是进入成熟的农耕社会之后形成的礼俗。猫杀田鼠，是自然常识，从这一角度看，猫很早就是人类的朋友。但是我们不清楚这里所说的"猫"究竟

甘肃武威磨嘴子汉墓群出土彩绘木猫

是如虎一般野生，还是如后来的"猫"那样家养。

虎是体型最大的猫科动物。据说在隶属于食肉目的猫科动物中，虎最大，而家猫最小。然而都以柔软的身体、助平衡的尾以及锐齿利爪，表明了适应猎食生活的本性。宋人洪迈《夷坚志》丙卷一"阳台虎精"条说到行旅途中遭遇"虎精"的故事："行半程，忽见一妇人在马前，年可四五十，绾独角髻，面色微青，不施朱粉，双目绝赤，殊眈眈可畏，着褐衫，系青裙，曳草履，抱小狸猫，乍后乍前，相随逐不置。"这位女子"偬止"小客店中，"三经旬矣，而未尝烟爨，囊无一钱，但谨育一猫。望其吻，时有毛血沾污"。这种志怪故事，也告诉我们在中国人传统意识中"猫"和"虎"的特殊关系。

对于"虎类"之野生猫的动物学定义，需要生物学者予以确定。目前尚未可知，周武王所猎之"猫二"是不是今天家猫的享受独立自由生活的祖先。但是从常理分析，家猫一定是经历了漫长的驯化过程。作为捕食野生之鼠的野猫，逐渐成为人类驯养的捕食家居之鼠的家猫，它们经历了由自由到不自由，然而从不舒适到舒适的生活历程。

自从"人捕畜之"，予以豢养役用，猫进入主人为其设计的生存空间，承担主人为其安排的工作职责，生活环境呈示全新的情状，身份和地位自然明显改易，于是性情也发生了变化。与"虎"同类的"猫"从离开山野、失去自由之后，事实上，它们渐渐失去野性，而养成了奴性。

猫于是慢慢融入主人的生活，而逐渐受到宠爱。清初诗人曹尔堪有《浣溪沙·夏词》："八尺龙须一尺绡，初离凉枕印红潮，自然香腻洗难消。　玳瑁帘垂留紫燕，珊瑚架倒戏金猫，藕丝香里送鸾箫。"（《十五家词》卷八《南溪词上》）猫和它的主人一样，也生活在温柔香腻的情境之中。主与奴，共同享受着"玳瑁""珊瑚"等等所装镶的富丽生活。"金猫"二字，描画出这种宠物浑身的华贵气息。

大约一般平民人家养猫主要考虑其捕鼠的实用功能。黄庭坚《乞猫》诗这样写道："秋来鼠辈欺猫死，窥瓮翻盘搅夜眠。闻道狸奴将数子，买鱼穿柳聘衔蝉。"（《山谷集·后集》卷六）宋人陈师道赞叹其诗句"虽滑稽而可喜，千岁而下，读者如新"（《后山集》卷二三）。这一评价，诸多诗歌评论专著如《渔隐丛话》前集卷四七、《诗人玉屑》卷一八、《竹庄诗话》卷一〇、《诗林广记》后集卷五等都纷纷引录，可知这种"可喜"的感觉是共通的。宋人刘一止《从谢仲谦乞猫一首》也有如下文句："昔人蚁动疑斗牛，我家奔鼠如马群。穿床撼席不得寐，啮噬编简连帨帉。主人瓶粟常挂壁，每饭不肉如广文。谁令作意肆奸孽，自怨釜鬻无余荤。居家得猫自拯溺，恩育几岁忘其勤。屋头但怪鼠迹绝，不知下有飞将军。他时生囝愿聘取，青海龙种岂足云。归来堂上看俘馘，买鱼贯柳酬策勋。"（《苕溪集》卷三）平民人家的猫虽然"买鱼穿柳"即可以聘得，然而却为主人深心爱重，甚至看作"青海龙种"，看作可以居家"拯溺"的"飞将军"。

宋人张邦基《墨庄漫录》卷七引录了几组《乞猫》诗，又写道："予友李璜德邵以二猫送余，仍以二诗。一云：'家家入雪白于霜，更有骹鞍似闹装。便请炉边叉手坐，从他鼠子自跳梁。'二云：'衔蝉毛色白胜酥，搦絮堆绵亦不如。老病毗耶须减口，从今休叹食无鱼。'"为了给猫"买鱼"，主人甘愿"减口"。这确实是可以称作"恩育"的。

《宋史》卷二七七《郑文宝传》记载，郑文宝组织移民留屯贺兰山下，"募民以榆槐杂树及猫狗鸦鸟至者，厚给其直"。猫，列于"狗"之前，看来已经被看作平民生活最好的友伴，也已经成为正常家居的一项标志。

与一般民家求其"却鼠"不同，皇家贵族养猫则多作为休闲生活中的私宠伴侣。皇宫养猫情形，可以通过武则天故事有所透露。《朝野佥载》中有武则天将猫和鹦鹉一起畜养的故事。唐人刘肃《唐新语》卷一二记载，武则天残害废皇后王氏及淑妃，唐高宗内心有所同情，"则天知之，各杖一百，截去手，投于酒瓮中。谓左右曰：'令此两妪骨醉可矣。'初令宫人宣敕示王后。后曰：'愿大家万岁，昭仪长承恩泽。死是吾分也。'次至淑妃，闻敕骂曰：'阿武狐媚，翻覆至此，百生千劫！愿我托生为猫儿，阿武为老鼠，吾扼其喉，以报今日足矣！'自此禁中不许养猫儿"。这一故事，《旧唐书》卷五一《后妃列传》也有记载："庶人良娣初囚，大骂曰：'愿阿武为老鼠，吾作猫儿，生生扼其喉！'武后怒，自是宫中不畜猫。"武则天出于对淑妃怒言"托生为猫儿"的恐惧，下令宫中自此不再养猫。可知当时宫中"畜猫"，禁中"养猫儿"，本是常情。公案小说《三侠五义》第一回有"狸猫换太子"的著名故事，说宋真宗无子，刘、李二妃皆怀孕，刘妃与太监密谋，在李妃生子时，用一只剥了皮的狸猫偷换了婴儿。鲁迅《中国小说史略》第二十七篇《清之侠义小说及公案》说："（俞樾）颇病开篇'狸猫换太子'之不经，乃别撰第一回，'援据史传，订正俗说'。"其实这种"俗说"，和宫禁中养猫的风习是符合的。

《明史》卷一九三《袁炜传》说，袁炜"才思敏捷"，皇帝常常半夜给他一张纸，令其撰写诗词，他竟然"举笔立成"。遇中外进献祥瑞之物，"辄极词颂美"。皇帝养的一只猫死了，"命儒臣撰词"，以超度其灵魂。袁炜完稿，其中有"化狮作龙"语，于是"帝大喜悦"。袁炜如此"诡词媚上"的情形相当多，所以皇帝多予信用，"恩赐稠叠，他人莫敢望"。这是猫成为皇室宠物的一件例证。

陆游《老学庵笔记》卷三写道，秦桧孙女封崇国夫人，"爱一狮猫，忽亡之，立限令临安府访求。及期，猫不获，府为捕系邻居民家，且欲劾兵官。兵官惶恐，步行求猫。凡狮猫悉捕致，而皆非也。乃赂入宅老卒，询其状，图百本，于茶肆张之。府尹因嬖人祈恳乃已"。《西湖游览志余》卷四说，时崇国夫人尚是幼女，"桧女孙崇国夫人者，方六七岁，爱一狮猫。亡之，限令临安府访索。逮捕数百人，致猫百计，皆非也。乃图形百本，张茶坊、酒肆，竟不可得。府尹曹泳因嬖人以金猫赂恳，乃已"。六七岁小女孩丢了一只宠爱的狮猫，官府全城搜寻，竟至逮捕数百人，最后还是由地方行政长官赔了一只金猫，方才罢休。这是豪门贵族爱猫而不惜扰民的著名的史例。《山居新话》卷三又举了另一个例子："至正十五年，浙宪贴书卢姓者忽失一猫，令东北隅官搜捕之。"《山居新话》的作者元人杨瑀将这位卢姓官僚的故事和南宋秦府寻猫情形并举，又评论道："权势所在，一至于此，可不叹乎！"

秦桧孙女遗失的猫称作"狮猫"，据《宋稗类钞》卷五，搜寻时"府为考系邻居民家，官吏至步行求猫凡狮形者悉捕致，而皆非也"，可知其形状似"狮形"，自是与众不同。从涉及宠猫的诗文看，猫之毛质洁美，如所谓"毛色白胜酥""白于霜"，甚至"搦絮堆绵亦不如"者，多为主人珍爱。或有被称为"金猫"者，亦以容貌华贵，同样深受恩宠。

自"捕鼠之猫"成为宠物，安卧于主人的怀中膝上之后，其勇厉、迅捷、灵敏，嫉鼠如仇的本性逐渐丧失，而养成了弱懦、柔媚、娇惰等品性。

《旧唐书》卷三七《五行志》记载，"（大历）十三年六月戊戌，陇右汧源县军士赵贵家，猫鼠同乳，不相害，节度使朱泚笼之以献"。丞相率百官称贺，中书舍人崔祐甫则说："此物之失性也。天生万物，刚柔有性，圣人因之，垂训作则。礼，迎猫，为食田鼠也。然猫之食鼠，载在祀典，以其能除害利人，虽微必录。今此猫对鼠，何异法吏不勤触邪，疆吏不勤扞敌？据礼部式录三瑞，无猫不食鼠之目。以此称庆，理所未详。以刘向《五行传》言之，恐须申命宪司，察听贪吏，诫诸边境，无失徼巡，则猫能致功，鼠不为害。"他的意见，得到了唐代宗的赞同。据《旧唐书》卷一一九《崔祐甫传》所记录崔祐甫言，又可见"今此猫对鼠不食，仁则仁矣，无乃失于性乎！"云云。前说"刚柔有性"，此说"失于性"，指其雄威本性竟然丧失，"除害利人"的功能也不再具备。又据明人陆容《菽园杂记》卷一二，有人家"白日群鼠与猫斗，猫屡却"，也是猫性弱懦的例证。

明人王志坚《表异录·羽族》写道："后唐琼花公主有二猫，一白而口衔花朵，一乌而白尾，主呼为衔蝉奴、昆仑姐己。""昆仑奴"，指来自南洋肤色偏黑的奴隶，所谓"昆仑姐己"，一如今人所说"黑美人"。主奴之间的亲昵关系，通过"昆仑姐己"这样的称谓得到表现。而猫因柔媚之性而得艳名，又见于张泌《妆楼记》所说"白凤""紫英""锦带""云图"等（《说郛》卷七七下）。陶谷《清异录》写道，在大街见到小广告，说"虞太傅家失去猫儿，色白，小名曰'雪姑'"（《说郛》卷一二〇上）。《妆楼记》"女奴"条又说，"猫一名'女奴'"。也可以看作相同的例证。元人唐珙《猫》诗写道："觅得狸奴太有情，乌蝉一点抱唇生。牡丹架暖眠春昼，薄荷香浓醉晓晴。分唾掌中频洗面，引儿窗下自呼名。溪鱼不惜朝朝买，赢得书斋夜太平。"（《石仓历代诗选》卷二七九）猫儿"洗面"之态，"自呼"之声，都表现出与主人亲近至极情形，诗中"太有情"三字，十分贴切真实。主人于是"溪鱼不惜朝朝买"，以为柔驯的酬报。明人倪岳《四时猫四首》其一有"玉雪娟娟好羽衣"句（《青溪漫稿》卷九），主人对宠猫容貌的欣赏，流露出狎爱之意，也形容了其性情的柔媚。王铚《杂纂续》"得人惜"题下有"善歌舞小妓，不偷食猫儿"（《说郛》卷七六）。"猫"与"妓"竟然能够并列，也是耐人寻味的。

宋人范成大《习闲》诗描写"习闲成懒懒成痴""时时惟有睡魔知"的生活情境，其中有"闲看猫暖眠毡褥"句（《石湖诗集》卷二九）。猫的"懒"和"痴"，也间接得以体现。唐珙诗所谓"牡丹架暖眠春昼，薄荷香浓醉晓晴"，描述了同样的事实。题李商隐《义山杂纂》"相似"题下，有"婢似猫，暖处便住"句（《说郛》卷七六），也说到了宠猫性情之懒惰。猫只知嬉戏而不捕鼠的情形，又见于宋人叶绍翁《猫图》诗："醉薄荷，扑蝉蛾，主人家，奈鼠何？"（《随隐漫录》卷三）金人李俊民则有《群鼠为耗而猫不捕》诗："欺人鼠辈争出头，夜行如市昼不休。渴时欲竭满河饮，饥后共觅太仓偷。有时凭社窃所贵，亦为忌器不忍投。某氏终贻子神祸，祐甫恨不猫职修。受畜于人恶除害，祭有八蜡礼颇优。近怜衔蝉在我侧，何故肉食无远谋？耽耽雄相猛于虎，不肯捕捉分人忧。纵令同乳不同气，一旦反目恩为雠。君不见唐家拔宅鸡犬上升去，彼鼠独堕天不收？"（《庄靖集》卷一）传说唐公昉得道，举家鸡犬升天，只有"鼠空中自堕"。鼠是"天不收"的恶物，为什么"受畜于人"的猫，虽"耽耽雄相猛于虎"，却"不肯捕捉分人忧"呢？

又元人济天岸又有《懒猫》诗："老子家无甔石储，多君分惠小狸奴。职惭捕鼠饥何憾，食不求鱼饱有余。烛影炉薰听课佛，蒲团竹几伴踟跰。山童莫讶长尸素，也护床头贝叶书。"（《元诗体要》卷九）"职惭捕鼠"的"懒猫"，虽然"长尸素"，却也可以得到主人的谅解。明人高启《寄沈侯乞猫》诗："许赠狸奴白雪毛，花阴犹卧日初高。将军内阁元无用，自有床头却鼠刀。"（《大全集》卷一八）似乎也是说狸奴"无用"。

所谓猫"醉薄荷"，出自传说。题束晳《发蒙记》写道："虎以狗为酒，鸡以蜈蚣为酒，鸠以桑椹为酒，猫以薄荷为酒，蛇以茱萸为酒，谓食之即醉也。"（《说郛》卷六〇上）明人徐应秋撰《玉芝堂谈荟》卷三二"淮北多兽"条也说："猫以薄荷为酒。"王世贞《弇州四部稿》卷一七一《说部·宛委余编十六》也有同样的说法。金人李纯甫有《猫饮酒》诗，其中所说猫的醉态，并非由于食薄荷，而是因为真正饮酒："枯肠痛饮如犀首，奇骨当封似虎头。尝笑庙谋空食肉，何如天隐且糟丘。书生幸免翻盆恼，老婢仍无触鼎忧。只向北门长卧护，也应消得醉乡侯。"（《中州集》卷四）

陆游有一首《赠猫》诗，其中写道："盐裹聘狸奴，常看戏座隅。时时醉薄荷，夜夜占氍毹。鼠穴功方列，鱼飧赏岂无。仍当立名字，唤作'小於菟'。"（《剑南诗稿》卷四二）放翁所说的这只猫，虽然"时时醉薄荷，夜夜占氍毹"，却依然可以"鼠穴"列"功"，似乎值得奖励。明人王世贞《弇州四部稿》卷一三八评价"画扇"作品，也涉及猫的形象："……又一面于拳石中淡墨隐出一狸奴，若醉薄荷者，而威势自足。"其虽醉犹威，而所谓"威势自足"之"威势"的显示对象，却未必是危害主人之宅的老鼠们。

在古代美术家的笔下，猫的姿态和表情经常成为画面的主题。宋代以来，已经出现了专门画猫的大家。据宋人郭若虚《图画见闻志》卷二，对于画师来说，描绘"龙水竹石花鸟猫兔"是基本功。同书卷四还写道：阆中画家何尊师，"善画猫儿，今为难得"。《宣和画谱》卷一三说，画猫的好手，"五代有李霭之，本朝有王凝、何尊师"。又说到御府所藏名画，有韦无忝"《山石戏猫图》一，《葵花戏猫图》一，《戏猫图》一"等。同书卷一四还介绍了李霭之"尤喜画猫"，"画猫尤工"事，御府收藏他的作品共十八幅，竟然全都是画猫之作，即："《药苗戏猫图》一，《醉猫图》三，《药苗雏猫图》一，《子母戏猫图》三，《戏猫图》六，《小猫图》一，《子母猫图》一，《蚤猫图》一，《猫图》一。"何尊师画猫的技巧尤为高妙，"工作花石，尤以画猫专门，为时所称。凡猫寝觉行坐，聚戏散走，伺鼠捕禽，泽吻磨牙，无不曲尽猫之态度。推其独步，不为过也。尝谓猫似虎，独有耳大眼黄，不相同焉。惜乎尊师不充之以为虎，但止工于猫，似非方外之所习，亦意其寓此以游戏耳"。《宣和画谱》的作者说，何尊师画作"今御府所藏三十有四"，而其中三十三幅都是猫图："《葵石戏猫图》六，《山石戏猫图》一，《葵花戏猫图》二，《葵石群猫图》二，《子母戏猫图》一，《觅菜戏猫图》

一，《子母猫图》一，《薄荷醉猫图》一，《群猫图》一，《戏猫图》五，《猫图》一，《醉猫图》十，《石竹花戏猫图》一。"其中描绘《醉猫图》多至十一幅，值得注意。可惜我们已经难以看到"醉猫"的形象，也无从理解所谓"寓此以游戏"是否另有深意。陆游《老学庵笔记》卷四则有这样的文字："张文潜《虎图》诗云：'烦君卫吾寝，起此蓬荜陋。坐令盗肉鼠，不敢窥白昼。'讥其似猫也。"图虎诗猫，以虎喻猫，可以理解为对虎的讥讽，也可以理解为对猫的奖誉。

元人马祖常《游华严寺》诗有"鹤驯看梵磬，猫定护斋糜"句（《石田文集》卷二），说佛法神奇，竟然可以使得"猫定"。王铚《杂纂续》"不得人怜"题下有"偷食猫儿"，"改不得"题下也有"偷食猫儿"（《说郛》卷七六）。猫的贪馋，是有名的。因此俗语有所谓"哪有猫儿不偷腥"。《红楼梦》第四十四回中，贾母在说到"下流种子"琏二爷"偷鸡摸狗"行径的时候，也发表过这样的名言："小孩子们年轻，馋嘴猫儿似的，那里保得住不这么着。从小儿世人都打这么过的。"

成为宠物的家猫，虽有"女奴"的昵称，然而往往在温驯的另一面，有时暴露出内心的凶狠。它们不修其捕鼠之职，却往往伺机残杀无辜的禽鸟。《朝野佥载》卷五说到这样的故事："则天时调猫儿与鹦鹉同器食。命御史彭先觉监，遍示百官及天下考使。传看未遍，猫儿饥，遂咬杀鹦武以餐之。则天甚愧。"唐人阎朝隐《鹦鹉猫儿篇》序文有"猫，不仁兽也"的说法（《全唐诗》卷六九），指出了它在面对主人之温柔外表背后隐藏的本性。《墨庄漫录》卷二所说"广陵牛氏家，堂燕方育雏，而雌为猫所毙"事，应当也是常见的情形。明人倪岳《四时猫四首》其二写道："养得狸奴解策勋，可怜小雀已离群。生平威力才如此，莫遣君家鼠辈闻。"又其三有"步出花阴野雀高，惊心短翼免相遭"句，也说猫残害小雀的情形。其四写道："狰猛狸奴乳虎同，菊边高卧饱霜风。养威好作他时用，一举须令鼠穴空。"（《青溪漫稿》卷九）可是谁知道它们是不是真的能够在"菊边高卧"的时候，不忘以"狰猛"精神对付鼠害，"养威好作他时用，一举须令鼠穴空"呢？

明人刘基《郁离子·枸橼》在关于"猫"的内容中写道："赵人患鼠，乞猫于中山。中山人予之，猫善捕鼠及鸡。月余，鼠尽而其鸡亦尽。"（《诚意伯文集》卷三）清人查慎行有《鹊雏为邻猫所攫》诗，其中有这样的文句："庭南老槐树，当暑花叶敷。有鹊栖其间，雌雄将六雏。毛羽日夜长，饲哺同慈乌。家书故乡来，好客与之俱。查查每预报，喜气充我间。自谓得所主，永无意外虞。邻家黑白猫，眈视生觊觎。阴藏爪牙毒，上树捷飞鼯。六雏一被攫，鹊起逐以趋。似将夺虎口，性命还须臾。又似望人援，绕檐群噪呼。仓皇不及救，坐视为嗟歔。我墉被鼠穿，唧唧繁有徒。孔箱盗夜粟，穴纸潜朝幬。汝虽磔百千，饱噉卧氍毹。谁当刻责汝，加以非分诛。鼠黠鹊性良，飞走族亦殊。云胡于此暴，顾独于彼懦。于彼为养奸，于此戕无辜。汝腹纵暂满，汝肠义当刳。吾欲致张汤，诘之定爱书。公然掉尾去，借邻以逃逋。"（《敬业堂诗集》卷三七）对鹊起噪呼情景的生动写述，不能不使人同情。诗人以"此暴"与"彼懦"对照，指责其"于彼为养奸，于此戕无辜"。宋人罗大经《鹤林玉露》卷五有这样的内容："东坡云：'养猫以捕鼠，不可以无鼠而养不捕之猫。'……余谓不捕犹可也，不捕鼠而捕鸡则甚矣。"论者又将"鸡""鼠"之喻引入政治生活："疾视正人，必欲尽击去之，非捕鸡乎？"

在柔驯的表相背后暗怀凶残，也就是所谓"阴藏爪牙毒"，是猫的性格特色之一。题苏轼《物类相感志·禽鱼》说："鸡吃猫饭能啄人。"（《说郛》卷二二下）也体现民间意识中对猫的这种特性的认识。

有意思的是，猫的驯服又不十分驯服品性的另一面，据说是表现在"猫类自择配偶的能力强，人们很难控制，杂交、选育的机缘少"（《简明不列颠百科全书》，中国大百科全书出版社，1986年，第5册，第729页）。达尔文在《动物和植物在家养下的变异》一书中曾经写道："由于使猫交配是困难的，人在实行有计划选择方面便毫无成就；而在实行无计划选择方面，大概也很少成就；虽然在每一胎中，人一般总是保留最漂亮的，并且非常着重善捉小家鼠或家鼠的品种。"选择还表现在，"那些有袭击鸟兽的强烈倾向的猫，一般会被陷阱所毁灭"。达尔文还说，"因为猫如此受到人的宠爱"，某个品种如果"非常受到重视"的话，"如果选择能够被应用了，那末在每一个文化悠久的国家里一定会有许多品种，因为那里有大量的变异可以作为材料"（叶笃庄、方宗熙译，科学出版社，1957年，第34页至35页）。

中国古人对于"有袭击鸟兽的强烈倾向的猫"的危害，是有认识的。《旧唐书》卷八二《李义府传》写道："高宗嗣位，迁中书舍人。永徽二年，兼修国史，加弘文馆学士。高宗将立武昭仪为皇后，义府尝密申协赞，寻擢拜中书侍郎、同中书门下三品，监修国史，赐爵广平县男。义府貌状温恭，与人语必嬉怡微笑，而褊忌阴贼。既处权要，欲人附己，微忤意者，辄加倾陷。故时人言义府笑中有刀，又以其柔而害物，亦谓之'李猫'。"《新唐书》卷二二三《奸臣列传上·李义府传》则称其为"人猫"："义府貌柔恭，与人言，嬉怡微笑，而阴贼褊忌著于心，凡忤意者，皆中伤之，时号义府'笑中刀'。又以柔而害物，号曰'人猫'。"有关李义甫事迹的"笑中有刀"和"人猫"的说法，都成为人们熟用的典故，正是因为在"貌状温恭""嬉怡微笑"的另一面，往往"阴贼褊忌著于心"，"微忤意者，辄加倾陷"，是社会生活中常常可以看到的情形。宋人刘克庄《再和四首》之三有"噬人侔虺毒，害物比猫柔"句，自注："李义府柔而害物，比人猫。"（《后村集》卷一一）也发表了透视"猫柔"的见解。

元人张宪《太真明皇并笛图》诗写道："黑奴弦索花奴鼓，谭奴抚掌阉奴舞。阿环自品玉玲珑，御手夷犹亲按谱。风生龙爪玉星香，露湿樱唇金缕长。莫倚花深人不见，李猫侧足傍宫墙。"（《石仓历代诗选》卷二七四）直接以"李猫"指代李义甫一类"柔而害物"者。（此"李猫"，《全元诗》《列朝诗集》作"李谟"，《元诗选初集》作"李暮"，《历代咏陕诗词曲集成》作"李翱"，"李猫"自是一说。）明人郑善夫《玄明宫行》诗又有这样的文句："君不见玄明宫中聚金碧，云是权珰结真宅。贝阙凭陵上帝居，彤台照耀长安陌。""骄奢之末无终极，气数相乘可自由。李猫赵鹿空回头，君不见大市街头权倖路，古来齑粉谁曾收。"（《少谷集》卷三）在这里，"李猫"得与"赵鹿"，即指鹿为马的赵高并列，成为政治史上的闻人。赵高是历史上著名的阴残人物，在进入上层执政集团之前，一定也是以"猫柔"取信于秦始皇的。

历史上其实还有另一个"李猫"。《十国春秋》卷三〇《南唐李德柔传》："李德柔字子怀，鄱阳人也，起家小吏，善伺人阴私以为能。捕获亡命，所至必得。人号曰'李猫儿'。元宗时，累迁大理卿。持法苛峻，凡狱未成者，悉以芦席裹囚，倒置之，死者甚众。"明人胡应麟《少室山

大葆台汉墓盛放猫骨的陶瓮

房笔丛》正集卷一〇《史书占毕六·杂篇下》讨论"古今
字号之同尤有奇者",说道:"……李义府呼'李猫',李
德柔亦呼'李猫',尤可笑也。"南唐酷吏"李德柔"以
"德柔"为名,其实同样"尤可笑也"。

　　《清史稿》卷一四七《艺文志三》在《子部·谱录
类》中,于"《谈虎》一卷,赵彪诏撰"之后,列有:
"《猫乘》一卷,王初桐撰。《猫苑》一卷,黄汉撰。"可
见对于"猫"的研究,早已有人关注。不过,本文所尝试

大葆台汉墓外回廊

探析的，不是对猫的动物学的分析，而是将猫的故事，读作一种寓言。鲁迅曾经说，中国传统文化其实"都是侍奉主子的文化"（《集外集拾遗·老调子已经唱完》），读史，可以"给人明白我们的古人以至我们，是怎样的被熏陶下来的"（《准风月谈·我们怎样教育儿童的?》），"以及遗留至今的奴性的由来"（《且介亭杂文·买〈小学大全〉记》）。或许通过对猫的驯宠过程的回顾，也可以给我们以某种社会史和文化史的启示。

据《简明不列颠百科全书》中的说法："家猫 *Feliscatus* 起始于人类远祖所驯养的野猫。它不像家犬那样驯服，在家畜中，家猫是最能再返还完全独立生活的动物了。"（中国大百科全书出版社，1986年，第5册，第728页）如果我们不是从人类，而是从猫本身的立场出发，应当怎样认识这种向"完全独立生活"的"返还"呢？

北京大葆台汉墓出土陶瓮中发现猫骨。猫应是墓主豢养的宠物。汉长安城遗地发现的猫骨可能属于厨余垃圾。河西出土可能仿象"猫"的木雕作品，也是值得重视的文物资料。探索猫的驯宠和传入，有待于新的更多的考古发现。

原载于《历史学家茶座》第4辑，山东人民出版社，2006年

古代文人的"友鹤"情致

　　《左传·闵公二年》记载了卫懿公以"鹤"为宠禽的著名故事:"冬,十二月,狄人伐卫。卫懿公好鹤,鹤有乘轩者。将战,国人受甲者皆曰:'使鹤!鹤实有禄位,余焉能战?'"公元前 660 年,狄人进犯卫国。因为卫国的国君卫懿公喜爱鹤,甚至让鹤乘坐高官贵族的轩车。于是在进行战争动员的时候,从军的国人都说:让鹤去作战吧!鹤享受着高等级的待遇,凭什么让我们去打仗呢?这是权力者"好鹤"至于极端的事例。而"鹤"介入社会生活的情形,还可以通过《诗·小雅·鹤鸣》"鹤鸣于九皋,声闻于野","鹤鸣于九皋,声闻于天"以及《白华》"有鹜在梁,有鹤在林;维彼硕人,实劳我心"等名句以及马王堆汉墓帛书《二三子问》《周易系辞》《缪和》等均出现"鸣鹤在阴,其子和之"字句得到反映。秦始皇陵园陪葬坑中发现的青铜鹤造型之生动逼真,也说明人们对这种禽鸟的熟悉。

汉代画像中可以看到纵养禽鸟的画面（参看王子今：《汉代纵养禽鸟的风俗》，《博物》1984 年 2 期）。成都双羊山出土的一件，画像中心似乎就是鹤。古人画笔下借鹤表现静逸追求和闲雅风格的作品累累皆是。鹤，很早就以象征清雅高洁的形象，成为文人学士们亲近的朋友。以"友鹤"或者"鹤友"为别号或者命名书斋和著作者，多见于文化史的记录。如宋人高斯得《耻堂存稿》中可见与"道士刘友鹤"赠答诗多组，又有"友鹤仙人当暮秋，诗来开卷风飕飕"句。宋人何梦桂也有《和仙诗友鹤吟》诗（《潜斋集》卷一）。明人李昌祺《寄致政彭太常永年三首》其一有"长避时人友鹤群"句（《运甓漫稿》卷五）。明人薛瑄也有《友鹤轩》诗（《敬轩文集》卷二）。明人姚广孝《题友鹤轩图》："幽人适野意，崇轩起山隈。凉风响涧木，晴霞明砌苔。荆扉夕不掩，多应放鹤来。"明人徐仲选，字华海，一字鹤友，有《鹤友诗稿》。明代文士黄伯原自号"友鹤翁"。邓雅《玉笥集》中《题黄伯原友鹤轩》《重题黄伯原友鹤轩》等，也都是"友鹤"雅意的纪念。

元代文学家张养浩有《惜鹤》组诗十首。序言写道："鹤，仙禽也，由凡翼非其比，恒不为世人所爱。而爱之者，往往皆山林中人，盖物以气合，理势然也。予尝得其尤者一，豢之既久，翩跹与人相习。日者为田妪伤其胫丸，病两月毙，惜哉！因取其始末作十诗，将以慰其不幸

秦始皇陵从葬坑出土铜鹤

云尔。"其一《购鹤》写道："野处幽独甚，千金得令威。挟云出尘网，领月到柴扉。縻足防扬去，遮庭使学飞。自今湖上路，树石亦光辉。"主人以"千金"买鹤，于是"出尘网""到柴扉"。起初曾"縻足防扬去"，而"遮庭使学飞"句，也说担心脱逸，透露出主人奴蓄的心理。其二《友鹤》言鹤已成"莫逆""知己"："云雨手翻覆，纷纷知己谁。玄裳真莫逆，皓首誓相期。把酒或前舞，游山时后随。会当作人语，细与话瑶池。""前舞""后随"情形，说明了感情的亲爱。其三《病鹤》、其四《医鹤》陈说爱鹤患病，主人忧虑不安的情形："渠本仙家种，胡为久不安。强行时塌翼，欹立恐遗丹。谁药相如渴，独怜范叔寒。一鸣虽确确，犹自彻云端。"馈药人空数，乘轩气渐低。无心吞饼饵，何处觅刀圭。暴日资丹火，杯泉洗羽泥。谩令通臂友，时复过幽栖。"其五《挽鹤》表述鹤罹意外之祸，终于丧生，不得不相期于"泉下"："共处人烟外，谁期祸乃身。九皋空有恨，四野欲无春。华表云应泪，瑶台月亦尘。当年林处士，泉下定相亲。"末句用林逋爱梅之典。其六《招鹤》借楚辞《招魂》古意哀悼亡鹤："歌彻楚人些，冥冥恨益增。枫林空落月，甲帐只寒镫。仰问天无语，升呼谷谩应。料随风露气，飞入乱山层。"鹤魂不归，令诗人百般惆怅。其七《瘗鹤》说安葬并"致奠""为铭"诸事："非为恩帷盖，从游岁月深。忍令一抔土，埋尽九皋心。致奠摅情素，为铭表德音。小松栽尺许，悠久庶能寻。"一株"尺许""小松"，作为长久标记。其八《忆鹤》形容鹤生前意态，其"立""步""飞""舞"，神仪不凡："玉立昂藏态，山中我与君。几年游赏共，一夕死生分。徐步闲窥沼，高飞远带云。为谁重起舞，倚杖立斜曛。"其九《梦鹤》将思念之心，写叙得十分生动传神："岫幌镫昏处，依稀见瘦躯。引吭如有诉，侧顶不容呼。枕上行云绕，松梢落月孤。堪怜漆园叟，漫为蝶区区。"其十《图鹤》告诉人们，主人将对爱鹤的怀忆，描为图画，以为永久的纪念："百计无从见，明窗玩笔图。研朱染霞顶，屑玉抹云襦。野状虽非侣，山居亦胜无。却愁风

任伯年《仙鹤麻姑图》

露夜，拔宅上天衢。"

隐逸名士们"友鹤"的意境，又见于元人倪瓒《辛亥春写松亭图并诗赠德嘉高士》诗："华亭郭里陈高士，三泖九峰时一游。欲结松亭看云气，更招鸣鹤友浮丘。"（《清閟阁全集》卷八）

明人邓雅《重题黄伯原友鹤轩》诗写道："幽轩谁作伴，老鹤日相亲。起舞能娱客，飞来不避人。雪霜明羽翮，风月助精神。岂羡乘轩贵，曾看度海频。神仙元是友，鸾凤可为邻。警露声何远，摩霄意自驯。物情殊品类，人道共彝伦。一曲南飞调，因之更祝身。"（《玉笥集》卷六）其中"幽轩谁作伴，老鹤日相亲"，"起舞能娱客，飞来不避人"等句，形容人与鹤关系之亲近，真的一如昵友。

所谓"玉立""高飞"，所谓"野处幽独""松梢落月"，所谓"华表云""瑶台月"之"风月""精神"，所谓"神仙""友""鸾凤""邻""风露气""九皋心"等等，将鹤描绘成一如其主人的精神贵族。诗人显然是在以自己的文化风范形容鹤友，又通过对鹤友的赞美自诩、自誉、自我欣赏的。明人解缙《友鹤轩记》写道："新淦黄君伯原自谓'友鹤翁'，未及识其人。观诸君子所以称道之者，则其人固清真冲散，不骛于外者，非'友鹤'也，'有鹤'者也。"（《文毅集》卷一〇）指出其精神境界已经不仅仅是以"鹤"为"友"，而是内心已经兼"有"了"鹤"的风尚和情操。

正如张养浩所说，喜爱鹤的，往往只是"山林中人"，鹤这种"仙禽"，其实"恒不为世人所爱"。一般人可能只是视之若"凡翼"，体会不到其"霞顶""云襦""玄裳"的高贵华美，只是看作通常禽鸟，其观念大约尚未脱离审美意识极其初步的狩猎阶段，仅仅重视其肉用价值。唐诗中可见"煮鹤烧琴"的说法。如韦鹏翼《戏题盱眙壁》诗："岂肯闲寻竹径行，却嫌丝管好蛙声。自从煮鹤烧琴后，背却青山卧月明。"（《全唐诗》卷七七〇）唐代诗人李商隐据说在被称作"盖以文滑稽者"的游戏文字《杂纂》中，曾经说到诸种"杀风景"的行为，其中就包括"烧琴煮鹤"。"煮鹤"，不仅见于意在嘲讽的幽默文字，也是食物史的实践。传说伊尹曾经向商汤进"鹤羹"而得以拔识（《天中记》卷五八）。而《穆天子传》有"饮白鹤之血"的故事（《北堂书钞》卷一六）。在长沙马王堆汉墓出土的食物遗存中，我们还看到了称作"熬鹢（鹤）"的食品。

对鹤的情感差异，似乎可以看作一种划分文化品级的标志。

"友鹤"行为和意致，体现出古代文人清高的品性和雅逸的追求，同时也反映了人与动物的关系，又可以间接体现人对于自然的情感，人对于生态环境的理念。张养浩对于人与鹤的关系这样写道："爱之者，往往皆山林中人。盖物以气合，理势然也。"所谓"物以气合，理势然也"，作为社会人群是否"友鹤"的分析，是确当的。其

马王堆一号汉墓竹笥
木牌"熬鹤笥"

实，我们如果就此进行历史过程的分析，是不是也可以说，从"煮鹤"到"友鹤"的变化，从某一视角看，也体现了文明的进步呢？这或许也可以作出"物以气合，理势然也"的判断。只是在局部情况下也未必不会出现某种倒退，也就是说，出现从"友鹤"到"煮鹤"的变化。在商品经济的大潮冲击社会、致使物欲横流的情形下，许多国家明令保护的野生动物被捕入厨室，端上餐桌。这恐怕是古来"友鹤"的雅士们绝对不会想到的。

原载于《寻根》2006年第3期

古人的"雪花"歌咏

歌剧《白毛女》中喜儿的唱段为人熟知:"北风那个吹,雪花那个飘。雪花那个飘飘,年来到。"言说"雪"的自然形态和降雪积雪形势,有"雪点""雪粉""雪糁""雪珠""雪片""雪絮""雪霰""雪朵""雪烟""雪幕""雪漫"等说法。"雪"是怎样和"花"结合在一起,在严寒愁苦季节,竟以优雅轻盈的美,晶莹洁净的美,有时竟被看作丰年吉瑞,被看作希望寄托,成为美好象征的呢?李白《塞下曲》之一写道:"五月天山雪,无花只有寒。"明说"雪花"不是"花",只是一种比喻。

人们熟悉李白的名句"燕山雪花大如席"(《北风行》),鲁迅就此讨论过文学夸张的合理性。李白另外又有"地白风色寒,雪花大如手"的诗句。夸张的幅度大为收敛,但是和实际情形依然相差很多。罗邺《大散岭》诗所谓"雪花如掌扑行衣"也用同样比喻。推想野山荒岭,艰苦行旅，言"雪花"之大，虽然明显脱离了自然史的常识，却使得读者可以获得心态史的体会。

韩愈《辛卯年雪》诗写道："元和六年春，寒气不肯归。河南二月末，雪花一尺围。崩腾相排捽，龙凤交横飞。波涛何飘扬，天风吹幡旟。白帝盛羽卫，髣髴振裳衣。白霓先启途，从以万玉妃。翕翕陵厚载，哗哗弄阴机。生平未曾见，何暇议是非。或云丰年祥，饱食可庶几。善祷吾所慕，谁言寸诚微。"所谓"雪花一尺围"，依然可以理解为放肆的夸张，以致言不符实。然而诗句形容大雪的气势以及人们有关其"是非"的心理感觉，还是比较真切的。

唐诗频繁出现歌咏"雪花"文句。李端《送王副使还并州》："并州近胡地，此去事风沙。铁马垂金络，貂裘犯雪花。"诗人形容严酷的边塞生活，"胡地""风沙"是习用语汇，而"雪花"与"金络"为对，有另外的意境。陈叔达《春首》："雪花联玉树，冰彩散瑶池。翔禽遥出没，积翠远参差。"言冬去春来风景，"雪花""冰彩"成为特殊的色彩。熊孺登《送僧游山》诗："云身自在山山去，何处灵山不是归。日暮寒林投古寺，雪花飞满水田衣。"一种"自在"之游，"灵山""古寺"之间，注意到"水田"和"雪花"的关系，实在是很难得的。

皎然《送邬傪之洪州觐兄弟》诗："年少足诗情，西江楚月清。书囊山翠湿，琴匣雪花轻。"张祜《猎》诗："残猎渭城东，萧萧西北风。雪花鹰背上，冰片马蹄中。"

戴叔伦《小雪》:"花雪随风不厌看,更多还肯失林峦。愁人正在书窗下,一片飞来一片寒。"北边江南,游山行旅,猎场书斋,不同的生活情境中,"雪花"成为诗人笔下以气象为文化背景的代表性符号。

孟郊《听蓝溪僧为元居士说维摩经》诗:"空景忽开霁,雪花犹在衣。洗然水溪昼,寒物生光辉。""蓝溪"是有颇多故事的所在。僧人说经,"雪花犹在衣","寒物生光辉"成为特殊场景,有很特别的意境。

"雪花",是对寒冷季节人们面对困苦的一种乐观心境的文学表现。这一语汇,也体现了古人与自然的亲近。

唐诗乐言"雪花",又如司空曙《酬卫长林岁日见呈》诗:"地暖雪花摧,天春斗柄回。"刘宪《人日玩雪应制》诗:"胜日登临云叶起,芳风摇荡雪花飞。"韩翃《汉宫曲二首》之一:"五柞宫中过腊看,万年枝上雪花残。"描写"雪花"装饰宫廷生活的,还有许浑《正元》诗:"宫殿雪华齐紫阁,关河春色到青门。""雪花"写作"雪华"。张南史《雪》诗用一字至七字句:"雪,雪。花片,玉屑。结阴风,凝暮节。高岭虚晶,平原广洁。初从云外飘,还向空中噎。千门万户皆静,兽炭皮裘自热。此时双舞洛阳人,谁悟郢中歌断绝。"

有的诗人在多篇作品中反复使用"雪花"语汇。如陈羽《送殷华之洪州》诗:"离堂悲楚调,君奏豫章行。愁处雪花白,梦中江水清。"他的《喜雪上窦相公》诗写道:"千门万户雪花浮,点点无声落瓦沟。全似玉尘销更积,半成冰水结还流。光含晓色清天苑，轻逐春风绕玉楼。平地已沾盈尺润，年丰须荷富人侯。"又《题清镜寺留别》诗："路入千山愁自知，雪花撩乱压松枝。"而使用"雪花"一语不厌其多的名诗人，应当首推李白。人们熟知的除前引"雪花大如席""雪花大如手"外，还有"宝剑双蛟龙，雪花照芙蓉"（《古风五十九首》之十六），"瑶台雪花数千点，片片吹落春风香"（《酬殷明佐见赠五云裘歌》）等。

　　"雪花"为人们熟习，于是也用以比喻其他景象。包佶《酬于侍郎湖南见寄十四韵》："雪花翻海鹤，波影倒江枫。""雪花"似乎比喻浪花，一如苏轼名句"卷起千堆雪"（《念奴娇·赤壁怀古》）。"雪花"更多用来形容实际的植物花朵。如皇甫冉《谢韦大夫柳栽》诗所谓"比雪花应吐"。白居易《杨柳枝》诗："依依袅袅复青青，勾引清风无限情。白雪花繁空扑地，绿丝条弱不胜莺。"张祜《杨花》诗："散乱随风处处匀，庭前几日雪花新。无端惹著潘郎鬓，惊杀绿窗红粉人。"白居易《题州北路旁老柳树》："雪花零碎逐年减，烟叶稀疏随分新。"以"雪花"形容杨柳花絮似是寻常笔法。温庭筠则称白色的杏花为"雪花"："红花初绽雪花繁，重叠高低满小园。正见盛时犹怅望，岂堪开处已缤翻。情为世累诗千首，醉是吾乡酒一尊。杏杏艳歌春日午，出墙何处隔朱门。"（《杏花》）唐杜甫《早花》诗又称白色的杏花为"雪杏"："盈盈当雪杏，艳艳待春梅。"

高正臣《晦日置酒林亭》诗："柳翠含烟叶，梅芳带雪花。"以"雪花"代称梅花。王周《大石岭驿梅花》则写作"雪英"："半出驿墙谁画得，雪英相依两三枝。"沈传师《和李德裕观玉蕊花见怀之作》称"玉蕊花"为"雪英"："雪英飞舞近，烟叶动摇深。"杜牧《对花微疾不饮呈座中诸公》诗："尽日临风羡人醉，雪香空伴白髭须。""对花""临风"，因有"雪香"感叹。"雪"被作为审美对象欣赏，隋唐有名美女为"雪儿"者，也可以作为例证之一。宋张淏《云谷杂纪》卷三写道："雪儿，李密之爱姬，能歌舞。每见宾僚文章有奇丽中意者，即付雪儿叶音律以歌之。"

裴度《雪中讶诸公不相访》写道："忆昨雨多泥又深，犹能携妓远过寻。满空乱雪花相似，何事居然无赏心。"诗句说到闻人名士赏雪的情趣。然而为什么"雪"与"花"被以为"相似"呢?《艺文类聚》卷二引《韩诗外传》说："凡草木花多五出，雪花独六出。雪花曰霙。"看来，"雪花"之说，汉代已经出现了。《宋书》卷二九《符瑞下》："大明五年正月戊午元日，花雪降殿庭。时右卫将军谢庄下殿，雪集衣。还白，上以为瑞。于是公卿并作花雪诗。史臣按《诗》云：'先集为霰。'《韩诗》曰：'霰，英也。'花叶谓之英。《离骚》云：'秋菊之落英。'左思云'落英飘飘'是也。然则霰为花雪矣。草木花多五出，花雪独六出。"关于《诗经》说到的"霰"，《红楼梦》第四十九回称作"雪珠儿"。

"雪花""六出"，是古人出于对自然的倾心亲近和细致观察所获得的发现。《朱子语类》卷六五："如水数六，雪片也六出，这又不是去做将出来，他是自恁地。"思想家看作自然现象，然而也给予了特殊的解说。宋真德秀《西山读书记》卷三九："朱子曰：雪花所以必六出者，六者，阴数，天地自然之数也。"

宋王观国《学林》卷七"六出"条写道："《南史·宋孝武帝纪》：'大明五年正月朔，华雪降，散为六出，上悦，以为瑞。'观国案，雪六出，古犹今也。宋孝武大明五年正月朔，雪六出，孝武必以是日受元吉之贺，因雪六出，乃自喜以为瑞，道谀之臣，饰此说以记之。后之修史者不择，遂著于纪尔。《韩诗外传》曰：'凡草木华五出，雪花独六出。'今究观草木华亦有六出者，但不若五出者多尔。如栀子花、萱草花、百合花，皆六出也。"王观国发现草木花卉也有"六出"者，应当是基于很认真的观察。《初学记》卷二引《韩诗外传》："凡草木花多五出，雪花独六出。"《艺文类聚》卷二引《韩诗外传》及《太平御览》卷一二引《韩诗外传》同。以为这一说法出自《韩诗外传》的，还有宋胡仔《渔隐丛话》后集卷二三、祝穆《古今事文类聚》前集卷四、陈元靓《岁时广记》卷四，明陈耀文《天中记》卷三、章潢《图书编》卷二一、彭大翼《山堂肆考》卷五，清陈元龙《格致镜原》卷四等。而宋史绳祖《学斋占毕》卷二"六出四出花"条则引自《吕氏春秋》："《吕氏春秋》

云'草木之花皆五出，雪花独六出'。"然而今本《韩诗外传》与《吕氏春秋》均不见"雪花独六出"语。不过，"雪花""六出"的发现在秦汉时期前后，可能性是很大的。

前引李白"雪花大如手"诗句，出自《嘲王历阳不肯饮酒》诗："地白风色寒，雪花大如手。笑杀陶渊明，不饮杯中酒。浪抚一张琴，虚栽五株柳。空负头上巾，吾于尔何有。"诗人用诙谐口吻调侃"不肯饮酒"的朋友，甚至批评了陶诗《止酒》形成的文化影响。"饮酒"和"雪花"的特殊关系，值得我们注意。李白《秋浦清溪雪夜对酒客有唱鹧鸪者》诗："披君貂襜褕，对君白玉壶。雪花酒上灭，顿觉夜寒无。"其中"雪花酒上灭，顿觉夜寒无"句，仔细吟味，可以体会无穷深意。

刘禹锡《福先寺雪中酬别乐天》诗写述送别白居易情形："龙门宾客会龙宫，东去旌旗驻上东。二八笙歌云幕下，三千世界雪花中。离堂未暗排红烛，别曲含凄扬晚风。才子从今一分散，便将诗咏向吴侬。"所谓"三千世界雪花中"，寄予"雪花"以深意。"雪中酬别"，"宾客"面对"笙歌""红烛"，当然也有美酒。体会这种"雪花"与"酒"相配合的情境，自然会想起另一唐诗名作："绿蚁新醅酒，红泥小火炉。晚来天欲雪，能饮一杯无？"（白居易《问刘十九》）

原载于《寻根》2019 年第 1 期

天上人间的时间比

　　托名汉郭宪撰《洞冥记》一书中，卷一有汉武帝时代神奇人物东方朔的故事。据说东方朔幼时曾离家出走，"经年乃归"。其母忽见，大惊曰："汝行经年一归，何以慰吾？"东方朔自称经行紫泥海，又过虞泉，食"丹栗霞浆"，饮"玄天黄露"，反问道："朝发中还，何云经年乎？"言早上离家，午时返回，您怎么说是"经年"呢？由东方朔母子对话，可知《洞冥记》成书时代的社会意识中，天上人间的时间进程是不一样的。《法苑珠林》卷一〇七记载张法义故事，也有"师曰：'七日，七年也。'"的情节（《受戒篇第八十七之四·三聚部》）。唐人释贯休有诗作："台殿参差耸瑞烟，桂花飘雪水潺潺。莫疑远去无消息，七万余年始半年。"（《再游东林寺作五首》之一）节奏的比率竟然是十四万比一。《太平广记》卷六八《女仙十三》"郭翰"条可见太原郭翰遇天上织女故事，因"深情密态"，以致"夜夜皆来，情好转切"。然而，"后将至七夕，忽不复来，经数夕方至。翰问曰：'相见乐乎？'笑而对曰：'天上那比人间。'……问曰：'卿来何迟？'答曰：'人中五日，彼一夕也。'"（出《灵怪集》）苏轼于是有"人中五日，知织女之暂来"语（《王氏生子致语口号》）钱锺书注意到这些神异记录"同言天仙日月视尘凡为长"，只是"长量"的比率各相"差殊"。（《管锥编》第二册，中华书局，1979年，第670页）

"天仙日月视尘凡为长"，当然出自人们的想象。白居易《长恨歌》有"蓬莱宫中日月长"名句，又言"回头下望人寰处，不见长安见尘雾"。宋人彭汝砺《观画》诗袭用"蓬莱宫中日月长"，下言"世界凡阅几炎凉，悠悠彼乐未遽央"。又如元刘将孙"蓬莱光景无昼夜，顷刻坐见年光凋"（《烂柯图为福宁州尹殷周卿作》），元释大圭"人间日短仙日长"（《次韵王观明烂柯引》），元张以宁"人说仙家日月迟"（《衢州咏烂柯山效宋体》），都是同样的意思。宋李廌《七夕》诗对这种情形的表述是："人间光阴速，天上日月迟。隔岁等旦暮，会遇未应稀。"说"天上""人间"，"光阴""日月"的"迟""速"不同，"人间""隔岁"，"天上"不过"旦暮"而已。明人倪谦诗句："伫立相看未终局，斧柯已烂何其速。自是壶天日月长，却惊世上流年促。"（《观奕烂柯图》）也说到"天上""人间"前者"日月长"，后者"流年促"的鲜明对比。又宋人韩元吉《七夕》诗写道："银河翻浪拍空流，玉女停梭清露秋。

天上一年真一日，人间风月自生愁。"所谓"天上一年真一日"，与"人间"时间的比例是三百六十五比一。唐人周朴《王霸坛》诗所谓"云间犹一日，尘里已千年"，意境如一而更为夸张。或有直接言"一日千年"或"千年一日"的，如元吴会《入道聊诗》"观棋一日已千年，局变无穷莫与传"，明韩守益《桃源图》诗"渔郎忽作花间梦，一日千年彩霞洞"，清塞尔赫《小蓬莱歌》"酒翻波浪银河清，千年一日宴蓬瀛"，比例达到三十六万五千比一。

"观棋""观弈烂柯"，是人所熟知的故事。我们看到的最早的文献记录，却并没有"弈""棋"情节。《水经注》卷四〇《渐江水》注："《东阳记》云：信安县有悬室坂，晋中朝时，有民王质，伐木至石室中，见童子四人弹琴而歌，质因留，倚柯听之。童子以一物如枣核与质，质含之便不复饥。俄顷，童子曰：其归。承声而去，斧柯漼然烂尽。既归，质去家已数十年，亲情凋落，无复向时比矣。""石室中""俄顷"，世间则"已数十年"。《太平御览》卷五七九、卷七六三及卷九六五引《东阳记》、卷四七引《郡国志》，有大致同样的记载。《太平御览》卷七五三引《晋书》则写道："王质入山斫木，见二童围棋，坐观之。及起，斧柯已烂矣。"明代学者胡应麟引录《神仙传》："汉神爵元年，东吴金华山世传多地行仙，有木客薪于山中，见两黄冠棋于松下。木客隅坐而窥之，黄冠棋自若也。良久欠伸欲归，俄失黄冠所在，而棋残之局在地未收。举手中斧，视之柄已烂坏。大惊，疾驰出山，而陵谷已改，国邑非旧。问路人今为何时，有对者曰：'宋元嘉十三年也。'于是木客太息，因隐于山中。"（《少室山房笔丛》卷二九）这里出现了比较明确的年代数据，自汉宣帝"神爵元年"（前61）到南朝宋文帝"元嘉十三年"（436），棋局之间，须臾已近五百年。胡应麟讨论王质"烂柯"故事："《神仙传》事在汉世，安知此说不因彼假托耶？"以为金华山木客事可能是传说的本原。《述异记》卷上则说"信安郡石室山，晋时王质伐木至，见童子数人棋而歌，质因听之"，所谓"棋而歌"，实际上综合了两说。事实却如唐世高僧所言："樵子观仙棋烂柯，非止王质，有多人遇棋，且姓名不同，为烂斧柯者不一。"（《唐京兆法秀传》，《宋高僧传》卷一八）"木客""童子"这一剧情简单的表演，舞台竟出现在许多地方。仅据《嘉庆重修一统志》，明确标记"烂柯山"者，就有沁州、河南府、平凉府、衢州府、肇庆府等多处。嘉定府则有"烂柯洞"。《明一统志》卷六四《常德府》所说桃源县秦人洞的"烂船洲"故事，也有类似的情节。

"烂柯"传说自然不符合人们关于时间的常识。明朱右《古樵隐者传》写道："邹阳氏曰：尝闻王质樵于深山，至烂柯不归。盖神仙寓说，荒诞甚矣！"明人郑文康《题烂柯图》的质疑更为有力："一局棋残已烂柯，仙家岁月信难过。衣衫最是轻柔物，不识当时烂几何？"明人王世贞的著作中可以看到这样的问答："问：'王质烂柯之说信乎？'曰：'不然也。尧至今三千六百年耳，度不能十局也。则为神仙者曷寿焉？'"（《弇州四部稿》卷一七一）这真是十分智慧的驳议。清乾隆帝《烂柯仙弈》诗从"烂柯"传说文献遗存的"互异"断定"记载失真"："入山王质一人耳，或曰观棋或听琴。记载失真有若此，更何须向斧柯寻。"以为《述异记》和《水经注》"同纪一人事而二说互异，盖烂柯事本无稽"。以为记载"不足信"。我们则认为，"烂柯"即使是"荒诞""无稽"的"神仙寓说"，也可以从文化研究的视角考察其发生背景、传播方式和社会影响，获得历史学的新知。

"烂柯"故事在中国文化史进程中有相当高的普及程度，诗人吟咏之作密集。唐人孟郊有《烂柯石》诗："仙界一日内，人间千载穷。双棋未遍局，万物皆为空。樵客返归路，斧柯烂从风。唯余石桥在，犹自凌丹虹。"刘禹锡所谓"沈舟侧畔千帆过，病树前头万木春"，前句就是"怀旧空吟闻笛赋，到郡翻似烂柯人"（《酬乐天扬州初逢席上见赠》）。宋人王明清也有诗句："朝阳初上海霞红，五色云生碧洞中。回首烂柯人自老，棋声犹在石门东。"（《挥麈后录》卷二）陆游的《剑南诗稿》中有五首诗咏叹"烂柯"事。诗人赵抃似乎更偏爱"烂柯"传说，他的《清献集》有十一处说到"烂柯"。明人胡应麟《少室山房集》则出现"烂柯"字样凡十四次。

人们对"烂柯"传说形成的深刻的文化记忆，最突出地体现在对于孟郊诗句所谓"仙界一日内，人间千载穷"的感觉。明孙绪《烂柯》诗："相逢一顾意欣然，东望蓬瀛水拍天。石上输赢才半局，人间陵谷已千年。"所谓"才半日"，所谓"已千年"，也进行了这样的对比。"天上""人间""半日""千年"的时间进程差异，体现出古人时间意识的细致与复杂，而我们民族传统的生命观、人生观和历史观，也借这种"神仙寓说"有所体现。

"烂柯"传说的诞生，应与对人世匆促的感叹有关。宋人刘过《小烂柯》诗："游戏一谈棋，岁月驹隙过。不如两忘机，石上跏趺坐。"所谓"岁月驹隙过"是许多人共同的感觉，诗人借棋局斧柯所言"忘"的境界很有意思。宋人赵抃就这一主题的议论也说到"忘"："与民共约三春乐，顾我都忘两鬓斑。岁满乞骸何处好，仙棋一局烂柯山。"（《过左绵偶成》）以"烂柯"意境为思考基点，对于人生奋斗和世事竞争取冷漠态度，似乎透露出人生理念的明智和清醒。黄庭坚《仙桥洞》诗正是如此："洞中日月真长久，世上功名果是非。叱石元知牧羊在，烂柯应有看棋归。"对于"功名"的表态，元人陈樵《吕氏樵隐图》也写道："千年甲子棋边老，两字功名世外多。"宋郭祥正《郦阳观棋》似有反省意："谁云一秤小，斗智亦已精。昔有烂柯者，弃俗游峥嵘。彼实方外人，岁月固可轻。我今则异此，久为世网婴。""寸晷犹可惜，客子当念程。饮水上马去，两翁任输赢。"面对"岁月""峥嵘"，"输赢""胜负"都应当处之淡然。如元陈岩《斧柯岭》："偶尔观棋忽烂柯，岂知胜负是如何。归来笑问人间事，恰是人间胜负多。"所谓"人间胜负多"，应是指激烈的政治争斗。金李俊民《调祁定之》写道："风埃满面发蓬垂，欲学乔松久远期。浮世几场漂杵血，流年一局烂柯棋。不须玉女引巢父，那在神官邀退之。果待吹嘘送天上，人间事了未为迟。"这里又看见"天上""人间"的对比，而"漂杵血"句，读来不免沉痛。再看元耶律楚材《过东胜用先君文献公韵二首》其二："依然千里旧山河，事改时移随变磨。巢许家风乌可少，萧曹勋业未为多。可伤陵变须耕海，不待棋终已烂柯。翻手荣枯成底事，不如归去入无何。""萧曹勋业"也不过"翻手荣枯"。"归去入无何"的超然无为精神看似消极，却表现出深沉的人生智慧和历史真知。明王慎中《别业杂诗》四首之二写道："山人向客欢，此地日如年。不悟幽闲永，翻疑晷刻偏。萧条机事浅，淡泊谷神全。始信樵山顶，烂柯非妄传。""淡泊"二字，揭示了"烂柯"故事的深意。对"烂柯"的体会，有对"古今""沧桑"的大感悟。比较开明的态度是不必向往追寻神仙世界，可以在经历平常"人世"时品味潇洒生活。如明黎民表《烂柯山》："白石经时烂，仙踪岂易寻。但传看弈去，不记入山深。蛮触悲人世，沧桑阅古今。丹砂君莫问，对酒且披襟。"又如胡应麟《邦相游烂柯不遂戏为四绝询之》之四："一局才从石上看，人间千日已阑珊。何如共载溪头酒，剩作平原百遍欢。"因"酒"引入的神奇胜境，也许无异仙山。

明孙承恩《画记》介绍一幅画面："一樵者徙倚观奕，当是王质烂柯事。"随后又有这样一段评论性文字："仙家以人世千年为一日，然等易掷耳，不觉其千年也。斯与处世无异，亦何用乎？邯郸之梦炊黍，犹一世常作是梦，则是几处亿万世矣。此一大可笑事，予抱此感久矣。"说"仙家"富有岁月，然而如果轻掷亦无意义。假设"常作""邯郸之梦"，则导致"亿万世"的浪费，确实乃"一大可笑事"。此说颇有积极意味，值得我们深思。

章学诚《丙辰札记》云："惟《西游演义》所云'天上一日，人间一年'之说，虽属寓言，却有至理。非顷刻千年及烂柯、刘阮诸说所等例也……假令天上果有帝庭仙界……盖天体转运于上，列宿依之，一岁一周……而一日十二时间，日仅行天一度，则必周三百六十五日而始复其原次。岂非天上一日，人世之一年乎？"钱锺书以为此说"则于旧解能出新意矣"。这当然是新鲜的解说。不过，制作和传播"烂柯"一类故事的时代能否有这样的科学眼光，也是人们自然会产生的疑问。或许不必跳入太空，只是从古人就"浮世""流年"的时间体验理解"仙界一日内，人间千载穷"的感觉，是适宜的，也是合理的。

原载于《文史知识》2014年第3期

第二辑　学海针经

清代考据家的学术道德

考据学于清代大兴，正如张舜徽曾经指出的，"这样的专家历代都有，而以近三百年间为最多"（《中国文献学》，中州书画社，1982 年，第 281 页）。考据学的原则，是"实事求是"。阮元曾经自陈其治学宗旨："余之说经，推明古训，实事求是而已，非敢立异也。"（《〈揅经室集〉自序》）汪中也曾自称："及为考古之学，惟实事求是，不尚墨守。"（《与巡抚毕侍郎书》，《述学·别录》）一说"非敢立异"，一说"不尚墨守"，但是都强调了"实事求是"的学术基点。考据学者"实事求是"的学风，从某种意义上说，其实与现代科学方法有极相近之处。曹聚仁甚至说，"这便是牛顿、达尔文的治学态度"。又指出，"钱大昕推许戴东原'实事求是，不主一家'，俨然是科学家的头脑了"，"假如他们研究的对象是自然科学的话，他们便是达尔文、法布耳那样的科学家了"。他甚至这样说：

"依这一治学的方法和精神，中国的学术思想，该比欧西早一个世纪现代化了。"（《中国学术思想史随笔》，三联书店，1986年，第265—269页）

梁启超在《清代学术概论》中，曾经盛赞清代考据学者"科学的研究法""科学的研究精神"。他总结清代学界正统派学风的特色，举列十条：1. 凡立一义，必凭证据；无证据而以臆度者，在所必摈。2. 选择证据，以古为尚。以汉唐证据难宋明，不以宋明证据难汉唐；据汉魏可以难唐，据汉可以难魏晋，据先秦西汉可以难东汉。以经证经，可以难一切传记。3. 孤证不为定说。其无反证者姑存之，得有续证则渐信之，遇有力之反证则弃之。4. 隐匿证据或曲解证据，皆认为不德。5. 最喜罗列事项之同类者，为比较的研究，而求得其公则。6. 凡采用旧说，必明引之，剿说认为大不德。7. 所见不合，则相辩诘，虽弟子驳难本师，亦所不避，受之者从不以为忤。8. 辩诘以本问题为范围，词旨务笃实温厚。虽不肯枉自己意见，同时仍尊重别人意见。有盛气凌轹，或支离牵涉，或影射讥笑者，认为不德。9. 喜专治一业，为"窄而深"的研究。10. 文体贵朴实简洁，最忌"言有枝叶"。梁启超说，"当时学者，以此种学风相矜尚，自命曰'朴学'"（《梁启超论清学史二种》，朱维铮校注，复旦大学出版社，1985年，第39页）。梁氏在总结清代学术的同时，其实也在提倡一种科学的学术风格。所列10条，对于今天的学者，都有规诫的意义。今天学界讲求"学术规范"，批判"学术腐败"，其实有时仍然是在重复强调其中某些原则。

所谓"凡采用旧说，必明引之，剿说认为大不德"，特别值得我们注意。和其他两种"认为不德"者（隐匿证据或曲解证据，皆认为不德；有盛气凌轹，或支离牵涉，或影射讥笑者，认为不德）相比，这种"认为大不德"，说明在清代考据学者的眼中，"剿说"严重违反了一般学术规范，而且严重违反了学术道德的原则。

钱大昕的自述可以作为"剿说认为大不德"的补充说明："间与前人暗合者，削而去之；或得于同学启示，亦必标其姓名，郭象、何法盛之事，盖深耻之也。"（《〈廿二史考异〉序》）所谓"郭象、何法盛之事"，即宋代学者王应麟《困学纪闻》卷一〇所指出的学术史上著名的剿窃丑行："向秀注《庄子》，而郭象窃之；郗绍作《晋中兴书》，而何法盛窃之。二事相类。"

郭象事，见于《世说新语·文学》："初，注《庄子》者数十家，莫能究其旨要。向秀于旧注外为解义，妙析奇致，大畅玄风。唯《秋水》《至乐》二篇未竟，而秀卒。秀子幼，义遂零落，然犹有别本。郭象者，为人薄行，有俊才。见秀义不传于世，遂窃以为己注。乃自注《秋水》《至乐》二篇，又易《马蹄》一篇，其余众篇，或定点文句而已。后秀义别本出，故今有向、郭二《庄》，其义一也。"何法盛事，见于《南史·郗绍传》。作者在谈到徐广《晋纪》时，又写道："时有高平郗绍亦作《晋中兴书》，数以示何法盛。法盛有意图之，谓绍曰：'卿名位贵达，不复俟此延誉。我寒士，无闻于时，如袁宏、干宝之徒，赖有著述，流声于后。宜以为惠。'绍不与。至书成，在斋内厨中，法盛诣绍，绍不在，直入窃书。绍还失之，无复兼本，于是遂行何书。"顾炎武《日知录》卷一八专列"窃书"一条，写道："汉人好以自作之书而托为古人。张霸百二《尚书》、卫宏《诗序》之类是也。晋以下人则有以他人之书而窃为己作，郭象《庄子注》、何法盛《晋中兴书》之类是也。若有明一代之人，其所著书无非窃盗而已。"顾炎武引录《世说》"郭象者为人薄行有俊才"之说后，又议论道："今代之人但有薄行而无俊才，不能通作者之意，其盗窃所成之书，必不如元本，名为钝贼，何辞！"顾炎武又说，"《旧唐书》：姚珽'尝以其曾祖察所撰《汉书训纂》多为后之注《汉书》者隐没名字，将为己说。珽乃撰《汉书绍训》四十卷以发明旧义，行于代。'吾读有明弘治以后经解之书，皆隐没古人名字，将为己说者也"。顾炎武还曾经说，"至于今代，而著书之人，几满天下，则有盗前人之书而为自作者矣。故得明人书百卷，不若得宋人书一卷也"（《钞书自序》，《亭林诗文集·文集》卷二）。

现代学术形势，同样是"著书之人几满天下"，虽然多是"有俊才"者，对于清代考据家"隐没古人名字将为己说者"或者"盗前人之书而为自作者"的指责，似应自我警戒。除了道德自守之外，也应当考虑学术的时代形象，我们实在不希望后人谈论"今代"学术，一如清人之鄙薄明人。

原载于《光明日报》2005 年 1 月 11 日

民国学人的"国学"理念和"国学"实践

现今学界有"国学的核心是儒学，儒学的核心是经学"的说法。然而我们回顾学术史，观察春秋战国中国思想学术原创时代的文化形势，可以看到儒学只是百家之学中的一家。司马谈《论六家要旨》，儒学是"六家"之一。传统文献学经史子集四部分类中，经学列位最先，但是容量不如史学。而"'六经'皆'史'"的说法，其实也是有合理性的。在"国学"名义得到知识界普遍肯定的民国时期，国学学者的工作对象绝不仅仅是经学。考察清华国学院导师们的教研内容，多在儒学、经学之外。鲁迅肯定王国维为"国学家"，所依据的"研究国学的著作"是与儒学和经学没有什么直接关系的出土文献研究成果《流沙坠简》。

（一）传统文献学知识中"经学"的地位

《汉书》卷三〇《艺文志》："至成帝时，以书颇散亡，使谒者陈农求遗书于天下。诏光禄大夫刘向校经傅诸子诗赋，步兵校尉任宏校兵书，太史令尹咸校数术，侍医李柱国校方技。每一书已，向辄条其篇目，撮其指意，录而奏之。会向卒，哀帝复使向子侍中奉车都尉歆卒父业。歆于是总群书而奏其《七略》，故有《辑略》，有《六艺略》，有《诸子略》，有《诗赋略》，有《兵书略》，有《术数略》，有《方技略》。今删其要，以备篇籍。"刘歆对当时能够看到的图书进行了分类研究。《汉书·艺文志》的图书目录，是我国现存最早的一部文献目录。唐代名臣魏徵等在所编撰的记录隋代历史的《隋书》中，则以《经籍志》进行学术文化的历史总结，其中正式以经、史、子、集四部进行图书分类。这样的分类方法后来一直为历代所承袭。

我们看到，《隋书·经籍志》著录的史部书籍多达 13264 卷，竟占到经史子集四部合计总数 31694 卷的 41.85%！

（二）"'六经'皆'史'"说

实际上，明确归入史部的，只是直接意义上的史书。还有其他一些古籍，虽然名义上不称为史书，其实从内容看，也是历史的记录。例如前面说到的记述春秋时期历史的《左传》，按照四部的图书分类方式，原本是列入经部的。

实际上，明确归入史部的，只是直接意义上的史书。

还有其他一些古籍，虽然名义上不称为史书，其实从内容看，也是历史的记录。

例如，列入经部的《尚书》《春秋》等儒学经典著作，唐代史学家刘知幾在所著《史通》中已经将其归入史书一类。

北宋年间，参与编写《资治通鉴》的著名学者刘恕，也曾经提出古时的经书其实也是史书的见解。这种认识后来得到许多学者的赞同。明代著名思想家王阳明在回答弟子提问时曾经这样说道：

> 以事言谓之"史"，以道言谓之"经"，事即道，道即事，《春秋》亦经，"五经"亦史。《易》是包牺氏之史，《书》是尧、舜以下史，《礼》《乐》是三代史，其事同，其道同，安有所谓异？（《传习录》卷一）

就是说，"史"书是记载历史事实的，"经"书是论述历史规律的，就二者对历史的回顾和总结而言，本来应当是一致的。孔子记述鲁国历史的《春秋》一书其实也是"经"，而儒学经典"五经"其实也是"史"，《周易》是传说中"三皇"之一伏羲时代的"史"，《尚书》是传说中"五帝"中尧舜时代的"史"，此外，《周礼》《仪礼》《礼记》《乐经》，是夏、商、周三代的"史"。"经"和"史"，其实并没有根本的区别。

明代学者胡应麟以"嗜书"闻名，所藏书籍多达42384卷。他也曾经提出"夏、商以前，'经'即'史'也"的意见（《少室山房笔丛》卷二）。

晚明著名思想家李贽也认为"'经''史'相为表里"。他说："故《春秋》一经，春秋一时之'史'也，《诗经》《书经》，二帝三王以来之'史'也，而《易经》则又示人以'经'之所自出，'史'之所从来，为道屡迁，变易匪常，不可以一定执也，故谓'六经'皆'史'可也。"（《焚书》卷五）他认为，《春秋》及《诗经》等其实都是相应时代的历史，而《易经》则有后来所谓历史哲学的意义，因而所谓"六经"，其实都是"史"。

明末清初的著名思想家顾炎武在说到《春秋》这部书时，也曾经指出："孟子曰：'其文则史。'"他又说："不独《春秋》也，虽六经皆然。"（《日知录》卷三）不仅仅是《春秋》，"六经"其实也都是"史"。

清代学者袁枚也曾经认为，古时实际上只有"史"而无所谓"经"，《尚书》《春秋》，在今天被作为"经"，其实都是以往的"史"。《诗经》和《易经》，都是记录了先王时代的言论，《礼记》《乐经》，都是记录了先王时代的法典，而这种记录，就是史官的职责。他指出，古来儒学经典，当时都是史官的记录（《小仓山房文集·史学例议序》）。

稍晚于袁枚的史学大家章学诚则更进了一步。他在

《文史通义》中开宗明义第一句就响亮地提出"'六经'皆'史'"的观点（《文史通义内篇一·易教上》）。他指出，古代"无'经''史'之别，《六艺》皆掌之史官"（《校雠通义外篇·论修史籍考要略》），"三代学术，知有'史'而不知有'经'，切人事也"（《文史通义内篇二·浙东学术》）。就是说，在夏、商、周三代，说到学术，只知道有"史"而不知道有"经"，"史"是更准确的人文现象记录。

关于"经"和"史"关系的讨论，绝不仅仅限于图书分类问题，而具有更深刻的文化意义。

正如侯外庐在《中国思想通史》中所指出的，章学诚"'六经'皆'史'"的论断，"是在当时被认为最放肆的学说，也是他被后人所最注意的学旨"，这是因为"他大胆地把中国封建社会所崇拜的'六经'教条，从神圣的宝座拉下来，依据历史观点，作为古代的典章制度的源流演进来处理"（《中国思想通史》，人民出版社，1956年，第5卷，第509页）。然而，单纯以学术内容来说，'六经'之中"《尚书》《春秋》是史"，其他四经也"都包含着丰富的历史材料"（范文澜：《中国经学史的演变》，《经学讲演录》，《范文澜历史论文选集》，中国社会科学出版社，1979年，第266页，第300页），或许早已经成为清醒的学者们内心的共识。

"'六经'皆'史'"的看法，使我们对于中国基本典籍中史学的地位，有了更明确的认识。

（三）鲁迅的王国维评价

王国维于1914年完成的震惊国内外学术界的名著《流沙坠简》以及此后发表的一系列论文，都是在对这批简牍文书进行研究的基础上完成的。《流沙坠简》是罗振玉和王国维侨居日本时，写信给斯坦因所获文书的整理者和发表者沙畹索要敦煌木简照片，得到沙畹发表资料的校正本后，"握椠逾月，才粗具条理"，在看不到实物，又无法全面掌握有关资料的困难条件下写成的。《流沙坠简》和此后写出的一批研究汉代制度和西北史地的论文，运用全新的方法，开拓了历史学研究的全新领域。王国维等人的研究，是考古学与历史学结合的开创性研究。王国维提出的"二重证据法"，就是以地下实物资料和历史文献资料互相印证的方法，对近代史学的进步有重要的影响。《流沙坠简》这部书，就是运用这种研究方法的实践成果之一。

《流沙坠简》一书在国内外学术界都引起了极大的反响。国外学者称赞这是清代以来繁荣的考据学在简牍研究方面结出的奇葩。鲁迅写道："中国有一部《流沙坠简》，印了将有十年了。要谈国学，那才可以算一种研究国学的书，开首有一篇长序，是王国维先生做的，要谈国学，他才可以算一个研究国学的人物。"（鲁迅：《不懂的音译》，《热风》，《鲁迅全集》，人民文学出版社，1981年，第1

卷，第398页）《流沙坠简》所涉及的古代文献有：

《史记·大宛列传》四见

《汉书·地理志》四见

《汉书·西域传》三见

《魏略·西戎传》三见（《魏志·乌丸传》注引）

《后汉书·班勇传》一见

《后汉书·杨终传》一见

《后汉书·西域传》二见

《续汉书·郡国志》一见

法显《佛国记》二见

《晋书·凉武昭王传》一见

《释氏西域记》一见（《水经注》引）

《水经注·河水》五见

阚骃《十三州志》一见（《汉书·地理志》颜师古
注引）

《魏书·张骏传》二见

《括地志》三见

《元和郡县志》三见

唐《沙州图经》五见

《旧唐书·地理志》二见

《新唐书·地理志》一见

后晋高居诲《使于阗记》一见

《太平寰宇记》二见

《舆地广记》二见

秀水陶氏《辛卯侍行记》三见

王国维在序文最后写道："考释既竟，爰序其出土之地并其关于史事之荦荦大者如其右。其成役情状与言制度名物者，并具考释中，兹不赘云。"（罗振玉、王国维：《流沙坠简》，中华书局，1993年，第3页至第12页）郭沫若也在作于1940年7月的一篇《满江红》词作中写道："国族将兴，有多少奇才异质。纵风雨飘摇不定，文华怒茁。洹水遗龟河洛文，流沙坠简《春秋》笔。看缉熙日日迈乾嘉，前无匹。"赞扬王国维等人的工作，已经超越了以往对考据学贡献最大的乾嘉学者。在抗战救亡背景下，"文华怒茁""国族将兴"等文句，是深含民族自尊和民族自豪情绪的。这其实也可以看作当时中国人文化自信的表现。

（四）清华国学院导师的"国学"研究

1925年9月9日清华国学研究院开学典礼上，吴宓发表了题为《清华开办研究院之旨趣及经过》的演讲，说到"研究院之切实宗旨"，"今即开办研究院，而专修国学。惟兹所谓国学者，乃指中国学术文化之全体而言"。研究院的地位是，"（一）非清华大学之毕业院（大学院），乃专为研究高深学术之机关；（二）非为某一校造就师资，乃为中国养成通才硕学"。研究院的性质是，"（一）研究高深学术；（二）注重个人指导"。其中所谓"研究高深学术"，"为中国养成通才硕学"的定位，是体现出不寻常的文化远见的。关于研究院"务敦聘国内硕学重望"，指出应具备三种资格：（一）通知中国学术文化之全体；（二）具正确精密之科学的治学方法；（三）稔悉欧美日本学者研究东方语言及中国文化之成绩，与学生以个人接触、亲近讲习之机会，期于短时间内获益至多。

1925年10月决定编印的"国学研究院丛书"，第一本就是王国维的《蒙古史料四种校注》。其中包括《圣武亲征录校注》一卷，《长春真人西征记注》二卷，《蒙鞑备录笺证》一卷，《黑鞑事略笺证》一卷，附《鞑靼考》一卷，《辽金时蒙古考》一卷。作为历史文献研究的成果，同年王国维的《高宗肜日说》《书顾命同瑁说》（《学衡》40期，1925年4月）、《水经注跋尾》（《清华学报》2卷1期，1925年6月）、《书辜汤生英译〈中庸〉后》（《学衡》43期，1925年7月）、《元朝秘史地名索引》（《学衡》46期，1925年10月），陆懋德的《〈尚书·尧典篇〉时代之研究》（《学衡》43期，1925年7月）、《中国经书之分析》，赵万里的《旧刻元明杂剧二十七种序录》，刘盼遂的《唐写本〈世说新语〉跋尾》（《清华学报》2卷2期，1925年12月）发表。

1925年，王国维在清华国学研究院设《古史新证》

演讲课。在此之前，他已有《殷卜辞中所见先公先王考》《续考》《殷周制度论》《毛公鼎考释》等著名论文发表，《古史新证》可以看作在这些论著的基础上又迈上了新的学术阶梯。在《古史新证》第一章《总论》中，王国维提出了著名的古史研究"二重证据法"。他说："吾辈生于今日，幸于纸上之材料外，更得地下之新材料。由此种材料，我辈固得据以补正纸上之材料，亦得证明古书之某部分全为实录，即百家不雅驯之言亦不无表示一面之事实。此二重证据法惟在今日始得为之。"（王国维：《古史新证》，清华大学出版社，1994 年）

《古史新证》一书，就是运用"二重证据法"的学术实践。如以甲骨文资料证明《史记·殷本纪》所载商王世系确为实录，具有相当强的说服力。王国维运用"地下之新材料"与古文献记载相印证，以探索古代历史文化的真实面貌，形成了一种公认科学可靠的学术正流。直到今天，没有什么人能够否定这种研究方法的科学性。

1926 年 4 月，清华国学研究院学生刘盼遂等以"实事求是整理国故"为宗旨，组织"实学社"，创办《实学》月刊。所刊发的论文，历史文献研究是最主要的论题。这里谨胪列该刊陆续发表的论文目录，可借以窥知其学术内涵（连载论文只举列最初刊出期号）：

第 1 期（1926 年 4 月）

    王国维：黑鞑事略跋考；

    刘盼遂：春秋名字解诂补正；

    杜钢百：中庸伪书考；

    闻　惕：尔雅释例匡谬；

    余戴海：荀子字义疏证；

    高　亨：韩非子集解补正；

    汪吟龙：与章太炎论文中子书；

    吴其昌：两宋历数天文学考；

第 2 期（1926 年 5 月）

    王国维：圣武亲征录校注序；

    梁启超：古诗十九首之研究；

    江　瀚：诗经传说自序；

    闻　惕：毛诗郑笺汉制考证；

    王镜第：周官联事考；

    刘盼遂：尔雅草木虫鱼鸟兽释例补；

    余戴海：荀子诗说；

    吴其昌：三统历简谱；

    汪吟龙：西汉赋注；

第 3 期（1926 年 6 月）

    梁启超：汉志诸子略各书存佚真伪表；

    王国维：长春真人西游记注序；

    姚　华：钞待清轩遗稿跋；

吴闿生：与李右周进士论左传书；

吴其昌：经义述闻志疑；

汪吟龙：驳旧唐书王勃传记文中子事文；

高　亨：韩非子集解补正序；

第 4 期（1926 年 7 月）

梁启超：先秦学术年表；

胡远濬：庄子齐物论注；

刘盼遂：广韵序录校笺；

第 5 期（1926 年 8 月）

王树楠：尔雅说诗；

江　瀚：与郭允叔论灵峰集书；

吴其昌：文中子考信录；

第 6 期（1926 年 11 月）

黄　侃：切音编；

王国维：西吴徐氏印谱序；

刘盼遂：反切不始于孙叔然辨；

刘盼遂：跋唐人写韵书两残笺。

尽管在 1926 年 10 月 7 日的研究院第 4 次教务会议上梁启超提出《实学》月刊不能作为本院代表出版品，议决由办公室通知该社，如继续出版，则需取消"清华国学研究院"字样，《实学》第 6 期依然出版（参看齐家莹编撰《清华人文学科年谱》，清华大学出版社，1999 年）。

从这一刊物的要目，可以大略看到清华国学研究院学生以及毕业留校青年研究人员的学术实力。也可以想见，这一作为"研究高深学术之机关"的学术机构内部有利于"专修国学"的比较理想的学术环境。《实学》作者们通过历史文献研究的学术实践向"通才硕学"的专业境界迈进的足迹，在这一学生自办学术刊物的字句间历历在目。

陆侃如、杨鸿烈、卫聚贤、储皖峰、黄节等人所编《国学月报》，是另一种学生刊物。编者后来大都是清华国学研究院的学生。《国学月报》至1927年年底因主要编辑人员离京而停刊，出版截止于2卷12期。1928年1月，《国学月报》之《汇刊》第1卷出版。其中"诗经号""楚辞号"和"陶渊明号"发表清华国学研究院学生的论文多篇。

当时发表清华国学研究院师生的历史文献研究成果的学术园地，还有《国学丛刊》《清华学报》《学衡》《清华周刊》等。

清华国学研究院学生比较重要的历史文献研究成果，还有陈守寔的《明清之际史料》（《国学月报》2卷3号，1927年3月）、《明史稿考证》（《国学论丛》1卷1号，1927年6月），姚名达《章实斋书叙目》（《国学月报》2卷3号，1927年3月），储皖峰《水经注碑录附考》（《国学月报》2卷5号，1927年5月）、《文镜秘府论校勘记》（《国学月报》2卷11号，1927年11月），卫聚贤《春秋的研究》（《国学月报》2卷6号，1927年6月）、《左传之研究》，刘盼遂《淮南子许注汉语疏》（《国学论丛》1卷1号，1927年6月）、《说文汉语疏》及《说文声谱自序》（《国学论丛》1卷2号，1927年9月），陆侃如《左传真伪考的译者前言》（《国学月报》2卷7号，1927年7月）、《三颂研究》（《国学月报》之《汇刊》1卷，1928年1月），吴其昌《朱子著述考》（《国学论丛》1卷2号，1927年9月），刘节《释皇篇补义》（《国学月报》2卷11号，1927年11月）等。

（五）民国时代"国学"家的研究方向和研究路径

其他一些可以称为"国学"家的学者的研究方向和研究路径，也值得注意。

顾颉刚1913年考入国立北京大学预科，1916年考入本科中国哲学门，1920年毕业留校，以助教名义任图书馆编目。1922年在上海任商务印书馆编辑，与王钟麒（伯祥）合编《新学制本国史教科书》，与叶圣陶合编《新学制国语教科书》。1924年回北京大学，任研究所国学门助教，先后编辑《国学季刊》《歌谣周刊》《北京大学研究所国学门周刊》。1926年以后，历任厦门大学、中山大学、燕京大学、北京大学、云南大学、齐鲁大学、中央大学、复旦大学、兰州大学、震旦大学和社会教育学院、诚明文学院、上海学院教授，中山大学语言历史学研究所、齐鲁大学国学研究所主任和国立中央研究院院士等职。

顾颉刚除了曾经在厦门大学、中山大学、燕京大学、北京大学等校讲授《尚书》，有"《尚书》研究"讲义之外，又曾经编《尚书学参考资料》《尚书文字合编》《尚书通检》等，并今译《尚书》的一些篇章。他在《尚书通检序》中曾经自陈全面研究《尚书》的宏愿（顾颉刚主编：《尚书通检》，书目文献出版社，1982年，第1页）。事实上，在二十世纪最后若干年，顾颉刚有关《尚书》研究的遗著仍在陆续发表，如《〈酒诰〉校释译论》（《文史》第33辑，中华书局，1990年），《〈尚书·多士〉校释译论》（《文史》第40辑，中华书局，1994年），《〈尚书·无逸〉校释译论》（《文史》第44辑，中华书局，1998年）。对于后继的《尚书》研究者发挥着表率和向导的作用。

对于这些学者的"《尚书》学"研究与教学，应当注意他们的工作与传统"经学"本质上的区别。例如，王国维在清华大学国学研究院讲授《尚书》，他的学生所作的笔记有刘盼遂《观堂学书记》（清华大学《国学论丛》2卷2号）和吴其昌《静安先生尚书讲授记》（《清华周刊》22卷11期至16期，又清华大学《国学论丛》1卷3号）两种问世，互有详略，可以彼此补充，可见王国维每每援引金文、甲骨文研究心得以推释《尚书》文义，使以往诸多误解得以澄清。

民国时代"国学家"们的"国学"观，是比较开明，比较宽达的。

在《清代学问的门径书几种》一文的最后，傅斯年又有这样一段话："我希望有人在清代的朴学上用功夫，并不是怀着什么国粹主义，也不是误认朴学可和科学并等，是觉着有几种事业，非借朴学家的方法和精神做不来。这事业就是——（1）整理中国历史上的一切学问。中国学问不论那一派，现在都在不曾整理的状态之下，必须加一番整理，有条贯了，才可给大家晓得研究。（2）清朝人的一大发明是文字学，至于中国的言语学，不过有个萌芽，还不能有详密的条理。若是继续研究下去，竟把中国语言的起源演变发明了，也是件痛快事。（3）中国古代的社会学正待发明。以上的三种事业必须用清代朴学家的精神才能成功。但是若直用朴学家的方法，不问西洋人的研究学问法，仍然是一无是处，仍不能得结果。所以现在的学者，断不容有丝毫'抱残守缺'的意味了。"（《新潮》1卷4号，上海书店1986年影印，第1册，第699页至第705页）傅斯年在这里所说到的三项事业，在他后来的学术实践中努力进行并取得了一定的成功。

新文化运动初起，社会革命的风潮开始席卷神州。知识界先进分子注视的焦点，多集中于社会变革的方向，而西方各种思想的传入，对中国学界也形成了强烈的冲击。一时对于旧学的态度，有忽视乃至厌弃的倾向。

在二十世纪初期，有学者将"旧学"又称"国学""国故学""国粹学"，或谓"经史之学""文献之学"。

从许啸天编《国故学讨论集》的内容，可以大致看到这些学者的研究方向。

《国故学讨论集》分四集。

第一集"通论"，包括：《治国学的两条大路》（梁启超），《再谈谈整理国故》（胡适之），《重新估定国学之价值》（吴文祺），《国故学之意义与价值》（曹聚仁），《春雷初动中之国故学》（曹聚仁），《整理国学的三条途径》，《论国故学》（胡适之）。

第二集"学的讨论"，包括：《清代学者的治学方法》（胡适之），《中国近三百年学术史》（梁启超），《先秦政治思想》（梁启超），《经学之派别》（章太炎），《两汉经师传授系统表》（徐炳昶），《墨学讨论》（张纯一），《中国文学史的大概》（黄近青），《文学史家的性格及其预备》（梁启超），《道家法家均反对旧道德说》（吴虞），《儒家大同之义本于老子说》（吴虞），《诗的文学》（曹子水），《墨学的大概》（许啸天），《名墨訾应考》（章行严），《坚白盈离辩》（江馥炎），《我国法律之起源》（阮毅成），《论汉魏以来迄隋唐古诗》（陈钟凡）。

第三集"书的讨论"，包括：《中文书籍分类法商榷》（查修），《古书辨伪方法》（张西堂），《古书疑义举例补》（姚维锐），《中国经书之分析》（陆懋德），《对于国学书的讨论》（胡适之），《评胡梁二先生所撰国学书目》（徐剑缘），《梁任公墨经校释序》（胡适之），《史记的研究》（许啸天），《史记订补叙例》（李笠），《战国策研究》（许啸天），《论诗经所录全为乐歌》（顾颉刚），《春秋大义是什么》（张西堂），《读楚辞》（胡适），《伴暨南诸生读孟子记》（张九如），《读荀子书后》（吴虞），《墨子与科学》（无观），《离骚文例》（胡光炜）。

第四集"人的讨论"，包括：《宋明哲学家的人格活动》（甘蛰仙），《孔孟的思想》（范寿康），《荀子的心理学说》（徐剑缘），《消极革命之老庄》（吴虞），《杨朱考》（唐钺），《杨朱考补证》（唐钺），《墨子的劳农主义》（吴虞），《商君政治哲学》（陈宗烈），《尸子考证》（张西堂），《王阳明思想的研究》（许啸天），《颜习斋思想的研究》（许啸天），《颜李学派与现代教育思潮》（梁启超），《颜习斋的哲学》（刘月林），《黄黎洲思想的研究》（许啸天），《王船山思想的研究》（许啸天），《顾亭林思想的研究》（许啸天），《朱舜水思想的研究》（许啸天），《戴东原在中国哲学史上的位置》（胡适），《戴东原研究指南》（梁启超指导，贺麟编），《读老子札记》（陶鸿庆），《晦庵学说平义》（黎群铎），《伊川学说研究》（杨筠如）。

仅从许啸天编的这部《国故学讨论集》（群学社，1927 年；上海书店，1991 年），当然未可窥知当时"国故学"研究的全豹，但是由此可以大略了解一些学者在战乱年代十分艰苦的条件下顽强从事历史文献研究的实况。他们的研究，覆盖面比较宽广，有些论文也有相当的深度。

作为"五四"时期的先进分子，傅斯年对于"国故学"的态度值得注意。

（六）国学研究的世界眼光、科学方法和现代精神

傅斯年主办《新潮》，列有《故书新评》一栏。《新潮》1卷1号《故书新评》中的第2篇，是对于宋郭茂倩撰《乐府诗集》一百卷的评论。题下注文："汲古阁本。湖北崇文书局本。"

这篇文章的主题，如傅斯年所说，"今先置此书本身之价值于不论，论'乐府'之价值"。实际上对于"乐府诗"这种文学存在的文化意义，给予了极高的评价。

傅斯年写道："乐府诗歌者，中国最优美文学之一也。盖中国文学中有两种最有势力，而又最可厌恶之原质，到处发现而乐府之大部（非其全体）幸免焉。斯其所以贵也。其质惟何？一曰文学为独夫政治之附庸，二曰文情为字面之客体。"

他所指出的中国传统文学之第一种丑恶原质，是附庸于专制主义政治的奴性。傅斯年又说："世所尊为独贵之文学，皆所谓庙堂之作，易词言之，则为独夫政治之优倡也。此风气殊不以朝堂制作为限，凡一切文体，恒见其被感化。今任执一家文集观之，有不彼此优倡之化者乎？藉曰有之，亦极少也。"傅斯年鄙视中国人衡量文学以"堂皇典贵"为第一流的传统标尺的传统，说道："此是妄人所谓堂皇典贵，其实但有卑鄙龌龊，何堂皇典贵之有。"

但是，"乐府之郊祀、雅乐，固是'兔园册子'，然清商燕乐，却不被其流化。世所传之乐府歌词，恒为情词备至之妙文章！其不受俳优之化，视'杂体诗'更为能自洁焉。此一长也"。

乐府诗又能够与所谓"文情为字面之客体"划清界线。傅斯年说："堆砌之体，盛于汉赋，自尔以后，一切体裁，几乎无不被影响者。故文情为字面之附庸，字面为文学之主体；拟诗文于'镂金错采''飞青丽白'，则其为字面主义（Verbalism）可知矣。乐府诗歌者，或作于不解文书者之手，其无从运用字面主义可知。即文人为之，亦必不解文书者歌之；势必徇俗，专尚情趣；所有雕镂之功，无能为役也。今观《乐府诗集》恒有淫荡鄙陋之言，但觉其情挚，而不觉其淫鄙，其情真也。文人苦意为诗，恒有旷朗之言，然但觉其情游，不觉其旷朗，其辞饰也。乐府诗歌者，歌于优倡之口，入于庶民之耳，托体如此，故不受中国文学界恶空气之熏陶也。此二长也。"（《新潮》1 卷 1 号，上海书店 1986 年影印，第 1 册，第 141 页至第 142 页）文人之诗"其情游""其辞饰"，而"不解文书者"所作亦"不解文书者"所歌之乐府诗，则"其情挚""其情真"。能够有如此的发现，不仅表现出其学术眼光能够透见文化之真实，也表现出其学术立场已经有接近庶民的倾向。

《故书新评》的"记者前言"说："本志之作，原欲与海内同为学生者，商榷读书之方。故设《出版界评》一格，以为辅助修业，启善闲邪之资。然所收容者，势必以新作为限：若干年以往之著述，当在不论之列。吾人研求文籍，虽不可不偏重今世，亦不可尽弃故作。已往著述，固多存永久价值者；志为学人，理必从事。于是别设此《故书新评》一栏，以为彼栏之补助。"

对于国学故书，应当不应当读，应当怎样读，既然声称"讨论读故书的方法"，这篇"记者前言"又强调："今之论者，间有谓故事（书）可以根本不读，其实此种办法，事实上做不下去。平情言之，故书亦未尝不可读，要必以科学方法为之条理，近代精神为之宰要，批评手段为之术御。人有常言，'凡眼观真，无真不凡，真眼观凡，无凡不真'。果其以我为主，而读故书，故书何不可读之有。若忘其自我，为故书所用，则索我于地狱中矣。"这里所倡导的"以我为主，而读故书"的方法，体现出一种五四精神，体现出一种现代精神。

那么，《故书新评》何以称作"新评"，与传统的评书"旧法"又有什么不同呢？傅斯年又有这样的文字："今所评者虽故书，而所以评之者非故法也。有以此书近于《四库提要》见讥者：不知《四库提要》，所以不齿于学者之口，不在体裁，而在撰者思想不甚高明；主持之者，又为便辟善柔之人；故曲学以阿世，舍己以从人，而为世所诟病也。论其体裁，未尝不是。中国正患此体书籍太少，学者穷年皓首，无从得简约之径。现代生活，异常繁剧；求

学一端，焉可不寻经济之术；此则本志所以辟此栏也。又
本栏以讨论读书之方法为旨，亦与《四库提要》专评一书
本身者不同。"（《新潮》1 卷 1 号，上海书店 1986 年影
印，第 1 册，第 139 页）从《故书新评》的几篇文章看，
作者的确是实践了"所以评之者非故法也"的志向的。

　　读书，读书，"切实的求学"，"我们要为人类的缘故，
培出一个'真我'"。傅斯年宣布，"新潮社的结合，是个
学会的雏形。这学会是个读书会"。他曾经说，除了学术
事业和文化事业，"此外也没有我们的事业"。在 1919 年
10 月出刊的《新潮》2 卷 1 号，傅斯年又发表了对于政治
出于冷静判断而表现出冷漠倾向的言谈："中国的政治，
不特现在是糟糕的，就是将来，我也以为是更要糟糕的。
两千年的专制的结果，把国民的责任心几乎消磨净了。所
以中国人单独的行动什九卑鄙龌龊，团体的行动什九过度
逾量——这都由于除自己之外，无论对于甚么都不负责
任。……所以在中国，是断不能以政治改政治的……那么，
我们是'专心致志'，办'终身以之'的读书会了。"（傅
斯年：《新潮之回顾与前瞻》，《新潮》2 卷 1 号，上海书
店 1986 年影印，第 2 册，第 204 页至第 205 页）这样的
态度当然可能会受到急进者的批评，但是一群学者"专心
致志"，"终身以之"地读书，思想，并且运用科学方法、
近代精神、批评手段来"整理中国历史上的一切学问"，
又努力发明新学，开拓新学，如果从长时段的文化史的眼

光看，可能是中国学术的幸事。

傅斯年在《新潮》1卷5号又有《毛子水〈国故和科学的精神〉识语》一文，更明确地陈说了自己对于"国故学"的观点。他写道：

两三个月以前，我就想做篇《国故论》，大旨是：

（1）研究国故有两种手段：一、整理国故；二、追摹国故。由前一说，是我所最佩服的：把我中国已往的学术、政治、社会等等做材料，研究出些有系统的事物来，不特有益于中国学问界，或者有补于"世界的"科学。中国是个有很长的历史文化的民族，所以中华国故在"世界的"人类学、考古学、社会学、言语学等等的材料上，占个重要的部分。或者因为中华国故的整理的发明，"世界的"学问界上，生一小部分新彩色——如梵文的发明，使得欧洲言语学上得个新生命，婆罗门经典入欧洲，便有叔本华派的哲学，澳洲生物界的发明，进化论的原理上得些切实的证据等等——亦未可知。我不是说中华国故里面有若干完全的系统，为近代欧洲所不及的；我是说中华国故里面或者有几项可以提醒我们（Suggestions）。至于追摹国故，忘了理性，忘了自己，真所谓"其愚不可及"了。

（2）所以国故的研究是学术上的事，不是文学上的事；国故是材料，不是主义。若是本着"大国故主义"行下去——一切以古义为断，在社会上有非常的危险。

（3）国粹不成一个名词（请问国而且粹的有几），实在不如国故妥协。至于保存国粹，尤其可笑。凡是一件事物，讲到保存两字，就把往博物院去的运命和盘托出了。我们若真要做古人的肖子，也当创造国粹（就是我们自己发明点新事物），不当保存国粹。天地间事，不进就退，没有可以保存得住的。

（4）研究国故必须用科学的主义和方法，决不是"抱残守缺"的人所能办到的。

（5）研究国故好像和输入新知立于对立的地位，其实两件事的范围，分量需要，是一和百的比例。

（《新潮》1卷5号，1919年5月；《出入史门》，浙江人民出版社，1998年，第12页至第13页）对于"国故"，他不赞同盲目的"追慕"，以致"忘了理性，忘了自己"。然而也不赞同对"国故"的简单否定，他以为"中国是个有很长的历史文化的民族，所以中华国故在'世界的'人类学、考古学、社会学、言语学等等的材料上，占个重要的部分"，"中华国故里面或者有几项可以提醒我们"，"或者因为中华国故的整理的发明，'世界的'学问界上，生一小部分新彩色"。他希望"把我中国已往的学术、政治、社会等等做材料，研究出些有系统的事物来，不特有益于中国学问界，或者有补于'世界的'科学"。而对于"国故"的整理和研究，则强调"要必以科学方法为之条理，近代精神为之宰要，批评手段为之术御"，特别重视"研究国故必须用科学的主义和方法"。他同时警告"国故是材料不是主义"，不能以"国故"的原则为原则，"一切以古义为断，在社会上有非常的危险"。傅斯年的意见，现在看来，代表了一种比较开明、比较清醒的认识。这样的认识，其实也是具有进步性和科学性的。

对于所谓"保存国粹"的文化口号，傅斯年的立场是鲜明的："凡是一件事物，讲到保存两字，就把往博物院去的运命和盘托出了。我们若真要做古人的肖子，也当创造国粹（就是我们自己发明点新事物），不当保存国粹。天地间事，不进就退，没有可以保存得住的。"这一原则，表明傅斯年等对于历史文献研究予以重视的学者，在对中国文化的古旧格局和陈腐内涵的基本态度上，与历史进步的方向是完全一致的。

1919 年 8 月，胡适就"整理国故"问题致信毛子水，一方面赞同他用科学精神来整理国故的主张，一方面就他以为整理国故"没有多大的益处"的观点，发表了不同意见，认为从"有用无用"的狭隘功利主义出发而轻视"整理国故"之意义是错误的。他指出："现在整理国故的必要，实在很多。我们应尽力指导'国故家'用科学的研究法去做国故的研究，不当先存一个'有用无用'的成见，致生出许多无谓的意见。"（《新潮》2 卷 1 号，1919 年 8 月；《胡适文存》卷二，上海亚东图书馆 1921 年版）同年 11 月，胡适又在《新青年》发表《新思潮的意义》一文，提出"新思潮"包含研究问题、输入学理、整理国故、再造文明四大内容。指出："新思潮对于旧有文化的态度，在消极的一方面是反对盲从，是反对调和；在积极的方面，是用科学方法来做整理工夫。……我们对于旧有的学术思想，积极的只有一个主张——就是'整理国故'。整理就是从乱七八糟里面寻出一个条理脉络来；从无头无脑里面寻出一个前因后果来；从胡说谬解里面寻出一个真意义来；从武断迷信里面寻出一个真价值来。"最终是要"各家都还他一个本来真面目，各家都还他一个真价值"（《新青年》7 卷 1 号，1919 年 12 月；《胡适文存》卷四，上海亚东图书馆，1921 年；《胡适选集》，天津人民出版社，1991 年，第 104 页至第 112 页）。

1922 年 11 月，胡适在《国学季刊》发刊宣言中就"整理国故"的原则和方法又作了更深入的阐述。他特别发挥了对于古代文献、古代思想、古代文化"各家都还他一个本来真面目"的观点。他指出："整治国故，必须以汉还汉，以魏晋还魏晋，以唐还唐，以宋还宋，以明还明，以清还清，以古文还古文家，以今文还今文家，以程朱还程朱，以陆王还陆王……各还他一个本来面目，然后评判各代各宗各人的义理的是非。不还他们的本来面目，则多诬古人；不评判他们的是非，则多误今人。但不先弄明白了他们的本来面目，我们决不配评判他们的是非。"胡适还说，应当从三个方向"来做我们一班同志互相督责勉励的条件"：

第一，用历史的眼光来扩大国学研究的范围；

第二，用系统的整理来部勒国学研究的资料；

第三，用比较的研究来帮助国学的材料的整理与解释。

（《〈国学季刊〉发刊宣言》，《国学季刊》1卷1号，1923年1月；《胡适选集》，天津人民出版社，1991年，第140页至第155页）有的学者指出，这篇文字，"可以说是他关于整理国故的一篇完整的宣言"（张岂之主编：《中国近代史学学术史》，中国社会科学出版社，1996年，第241页至第242页）。从胡适所表述的内容看，他有关"整理国故"学术思想的基本观点，严格说来，是符合科学原则的（参看王子今《傅斯年〈故书新评〉的文献学意义》，《聊城师范学院学报》2001年1期）。

《故书新评》5种中，4篇以中国"故书"作为评论对象。其中首列清梁玉绳撰《史记志疑》三十六卷，题注："《史学丛书》本最易得。"傅斯年肯定《史记志疑》"因其疑可见其真"，由此力倡"敢于意古文精神"，一位是推促学术进步的首要条件。

至于这一时期"国故""整理"的具体收获，刘文典的《淮南鸿烈集解》（商务印书馆1923年版），堪称二十世纪《淮南子》研究的代表性成果。这一理念对于史学革命与文化进步的积极意义，是不言而喻的。这是他在北京大学任教时完成的第一部专著。刘著集合诸家解说，使得前辈学者勤苦所得为供多数学人享用。胡适因为之作序称："叔雅《集解》之作，岂非今日治国学者之先务哉？"

（七）"国学"视野中"儒学""经学"地位理解的时代意义

讨论"国学"与"儒学""经学"的关系，应当注意"五四"前后对这一文化主题有过密切关注的以"科学""民主"为口号的社会新思潮的兴起。有的学者曾经分析："论析这个运动的形成背景，有几个层面的意义必须面对：其一，由儒学'六经'所建构的中国古史，面临空前未有的挑战。事实上，植基于'六经'的历史结构，是二千年来有关中国古代历史的唯一解释。古史辨运动的第一个意义就是打破了儒学体系的藩篱，从此，古史研究可以不再在儒学体系所设定的跑道上慢跑，亦惟如此，古代史研究才能迈向一个新的解释。其二，疑古思想与五四时期反儒学运动之若合符节。事实上，二者之关系千丝万缕，实难加以厘清。……其三，五四时期'科学主义'对古史辨运动的影响。这当然牵涉到胡适所提倡的'科学方法'，及其所引进的杜威实验主义。事实上，不管赞成或反对胡适的治学方法，他对古史辨运动及五四时期的学术思想界，所具有的影响力是不容忽视的。其四，新文学运动及由此运动所引发的白话小说研究、歌谣采集运动、民俗研究、知识分子到民间去等等，都开拓了史料的更大范围。"（彭明辉：《疑古思想与现代中国史学的发展》，台湾商务印书馆，1991年，第1页）

（八）"核心"质疑

"核心"一语的出现比较晚近。汉代学者王充曾经使用"中核"语汇，或与今人"核心"说意义近似。《论衡·量知》："物实无中核者谓之郁，无刀斧之断者谓之朴。文吏不学，世之教无核也。郁朴之人，孰与程哉？"又说："不入师门，无经传之教，以郁朴之实，不晓礼义，立之朝庭，植笔树表之类也，其何益哉？"黄晖解释：郁，"字书未见其义"，"先孙曰：'断'当为'斫'之误"。关于"文吏不学，世之教无核也"，黄晖说："句有误。意谓犹物实无核。"（黄晖撰：《论衡校释》，中华书局，1990年，第550页、第552页）

王充所谓"中核"，也用以谈论"文吏"之"学"。又说"经传之教"及"礼义"等，似强调"儒学"与"经学"的重要。不过，王充所说的"中核"，并不是说学问的"中核"，文化的"中核"，而是说个人修养和文化品质最重要的构成内容。他说"不学"则"无核"，指出"文吏不学"，"不入师门，无经传之教"，"不晓礼义"，则"立之朝庭"，一如"植笔树表之类"，好像栽立着竹竿木柱，只是没有文化生命的形体存在。

王充的意见，肯定"经传之教"及"礼义"是"文史"教养的基本内容，但是并没有明确表达"儒学""经学"强调的"经传之教"及"礼义"就是学问的"中核"，就是文化教育的"中核"这样的意见。

现在"核心"一语使用十分普遍。"核心"释义，《现代汉语词典》："中心；主要部分（就事物之间的关系而言）……"（中国社会科学院语言研究所词典编辑室编：《现代汉语词典》（第6版），商务印书馆，2014年，第527页）《汉语大词典》："中心；主要部分。"（汉语大词典编辑委员会、汉语大词典编纂处编纂，罗竹风主编：《汉语大词典》第4卷，汉语大词典出版社，1989年，第1006页）我们除了澄清"经学"未必是"儒学"的最重要的内容、"儒学"未必是"国学"最重要的内容之外，也愿意表达这样的意见：在进行"国学"内涵与结构的学术分析时，使用"核心"这一语汇，也许并不很合适。

节选自《辨"经""史"关系——兼及国学"核心"说》，载于《东方论坛》2020年第3期

陈梦家与流落美国的中国青铜器

新中国成立以后问世的第一部规模较大的青铜器图录，是科学出版社 1962 年 8 月出版的《美帝国主义劫掠的我国殷周青铜器集录》。这部书的编者，是著名考古学者陈梦家。

陈梦家早年以诗作知名，曾经是"新月派"诗人群体中的主力。

青年陈梦家的诗句能够震动人心，点燃激情，不仅在于他的创作很早就与风花雪月的无聊呻吟划清了界限，在抗战救亡时期又有《在前线》组诗这样的热情奔扬之作问世，还在于他的呐喊与歌哭，很早就是以对于民族历史和民族文化的理解和感怀为基点。他的《塞上杂诗》《唐朝的微笑》《秦淮河的鬼哭》《古战场的夜》《秋旅》《太平门外》等作品，字句间都饱含深沉的历史感想和文化思绪。如他在《铁马的歌》中写道："没有忧愁，也没有欢欣；

陈梦家教授和赵萝蕤教授

我总是古旧，总是清新。我是古庙 / 一个小风铃。太阳向我笑，锈上了金。"通过这样的诗句来认识和了解在文物研究方面有突出贡献的著名学者陈梦家，依然是适宜的。他虽然深怀"清新"精神，却能够面对"古旧"，立足"古旧"。这一风格贯彻于他的文学生涯，同样也贯彻于他的学术生涯。

陈梦家后来从事历史学与考古学研究，成就十分卓越。他的论著《殷虚卜辞综述》《西周铜器断代》和《汉简缀述》等，在甲骨文和殷商史研究、金文和西周史研究以及汉简和汉代史研究等领域都成为公认的经典。

《美帝国主义劫掠的我国殷周青铜器集录》一书，是20世纪40年代陈梦家旅美期间艰苦收集的流落在美国的中国青铜器资料的汇集，共收有845件青铜器。全书分三部分，一是器物的图像，二是器物的铭文，三是记录各器尺寸、铭文、年代、著录等方面信息的说明。

《美帝国主义劫掠的我国殷周青铜器集录》出版时，陈梦家以"右派分子"的身份在中国科学院考古研究所工作。署名"中国科学院考古研究所"的这部书在"序言"中有这样的内容："本集所收的845件殷、周青铜礼器，是我所工作人员陈梦家先生十余年前在美国搜集的。当时，他曾将在美国各博物馆、大学和古董商肆所能见到的中国铜器，都摄了照片，拓了铭文，记了尺寸，并考查了来源。其中大多数皆加以观察并作了去取，少数的未见实物。"陈梦家整理的这批资料，为考古学者认识和研究遗失海外的民族文化珍宝，提供了基本的条件。而中国青铜器研究的进步，也因此具有了新的资料基础。

这部书的"序言"还写道："我们知道，这些铜器都是几经转手，有局部加以配造的，有后来添刻铭文的，有不同数器的部分杂拼而成的，有全部是伪造出来的。我所曾将本集校样送请于省吾、唐兰、张政烺三位先生重加审定。三位先生根据照片，只从铭文拓本，指出了几件是可疑的，此外当还有可疑的器和铭。……于此可以说明，由于帝国主义疯狂地劫夺我国文物，造成伪造文物风气的一斑。"中国文物流失过程中所遭到的损毁，是十分惊人的。而因此"伪造文物风气"的形成，对于文化又造成了更深层次的破坏。

已经流散于世界各地的中国文物，在茫茫商海中往往继续着流散的路，漂移不定，未知所终。就《美帝国主义劫掠的我国殷周青铜器集录》中收录的中国青铜器而言，正如陈梦家在该书"凡例"中所指出的，"本集所录现在的所在，乃指1947年夏以前的情形，十几年来有很多变更。有些私藏可能已入博物馆，而商估之转易出售，或入私藏，或入博物馆"。这样的流动，自然十分不利于文物的保护，也十分不利于文物的研究。

1931年，20岁的陈梦家编辑的《新月诗集》中收有他自己的一首这样的诗："今夜风静不掀起微波，小星点亮我的桅杆，我要撑进银流的天河，新月张开一片风帆。""文化大革命"开始后，1966年8月24日，在那个有新月的夜里，为了维护自尊，陈梦家以服安眠药自杀的方式反抗迫害。因药量不足未能致死，10天后，9月3日，陈梦家再次自杀，终于离开了自己深爱的科学研究工作。在中国文物研究最需要高水准专家的时候，我们再也看不到他的"桅杆"、他的"风帆"了。

陈梦家是在异常的政治风浪中以异常的方式结束学术生命的。他正值学术盛年却不逢学术盛时，在 55 岁正全力投入文物研究时不幸离世，使得海内外关心中国历史文化、关心中国文物的人们每涉及陈梦家的学术工作时，都不能不在内心深切缅怀这位对中华文化有杰出贡献的考古学家。人们在怀念陈梦家的时候，也自然会想起他出于对民族文化的深情重爱而完成的《美帝国主义劫掠的我国殷周青铜器集录》这部书。

原载于《学习时报》2003 年 12 月 8 日

李学勤 "四海寻珍"

著名历史学家、考古学家李学勤教授 1979 年以后曾经多次出访，从事学术活动，陆续考察了许多国家和地区的博物馆、美术馆、大学以及收藏家所收藏的中国文物。为了向国内介绍这些文物，李学勤教授与友人合作编有《英国所藏甲骨集》《欧洲所藏中国青铜器遗珠》等图录，同时撰写了许多研究流藏海外以及港台文物的论文。这些论文大多收入《四海寻珍》一书，由清华大学出版社 1998 年列为 "新清华文丛" 之四出版。

收入《四海寻珍》的文章，排列在最前面的《海外访古记》和《海外访古续记》两篇，曾经分别在《文博》和《文物天地》连续刊出。《海外访古记》集中了作者在澳大利亚、香港、美国、英国、日本、荷兰、丹麦、瑞典、德国、法国、比利时等国家和地区研究公私各家所收藏中国文物的记录，《海外访古续记》则对因前者篇幅所限没有

《四海寻珍》书影

谈到的许多珍品又作了补充介绍。除了这两篇文章外，还有 21 篇文章，有的专论某件器物或某组器物，如《论传长沙出土立鸟器盖》等；有的就有关文物进行历史文化的专题研究，如《探索秦国发祥地》等。

有些器物，中国大陆考古学者闻所未闻，其珍异程度，可想而知。如 1992 年初出现于巴黎、目前还是第一次发现、可能是殡葬用的覆面"玉人面"；德国科隆东亚美术博物馆收藏的可以反映商代肉刑形式的残辞为"劓刵刖"的卜甲；法国收藏家吉斯拉收藏的有益于探索中国文字起源的良渚文化玉琮；台湾地区古越阁收藏的背上有鞍、可以反映骑象风习的错金银象等。曾经在纽约拍卖、后来售归香港的战国玉璜，据说出土于 1930 年前后以盗掘大量战国文物闻名的洛阳金村。玉璜正反面各有一句箴铭，连读为："上变下动，相合和同。"箴铭以上下自然摆动、发出和谐声响的佩饰比喻人事，以为上下应当彼此应和，相互协调。其中寓涵政治文化的深意。瑞士收藏家凡诺蒂旧藏、后来又出现于伦敦文物市场的"景公镜"，铭文为 26 字，有一字锈涩不清，按照李学勤先生的释文，内容为："景公之象兮，吴娃之兑（悦），囗昧明镜兮，象似尹（君）之月，长相思兮世不绝。"可知是一首意境美好的古诗。"景公"，可能是指齐景公，据《晏子春秋·外篇第八》，是一位容貌姣好的美男子。所谓"景公""吴娃"，只是美男美女的代号。汉镜铭文多有类似今天广告作用的内容，也往往阿谀消费者，这面铜镜，是更为特殊的一例。另外一件瑞典远东博物馆收藏的汉镜，铭文为："道深辽远，中有关梁，鉴不胜请（情），修毋相忘。"辞句优美，情意深长，也极为可贵。凡此种种，都令关心中国历史文化的人们大开眼界。事实确如《四海寻珍》的作者所说，海外收藏中，"还有许多罕见的我国文物，是学术界很少了解的"。

李学勤教授特别注重国内文物和海外中国文物的比较研究，并且每每因此有重要的发现。

其实，数十年前，一些学者已经注意到海外中国文物资料的收集和研究。以青铜器研究为例，容庚 1935 年曾经出版《海外吉金图录》。他刊行于 1941 年的《商周彝器通考》中，也收录了许多国外收藏的青铜器。陈梦家 1941 年出版的《海外中国铜器图录》，1963 年印行的《美帝国主义劫掠的我国殷周铜器集录》，也是海外中国青铜器资料的集成之作。他在《考古学报》连续发表的《西周铜器断代》，也使用了不少海外青铜器资料。李学勤继续了这一工作，而涉及的范围更为宽广，研究也有所深化，成就于是更为突出。

应当看到，中国文物流失海外的原因其实十分复杂。有列强侵夺的情形，也有盗掘文物者和倒卖文物者基于利欲而不惜损害国家民族文化遗存的因素。前面说到的1992 年初出现于巴黎的"玉人面"，可能就是近年愈演愈

李学勤教授

烈的盗掘古墓、走私文物的罪证。

此外，也有古来因正常的文化交流而导致中国物品流出中土，后来随着岁月流逝，逐渐成为历史文物的情形。1923年日本冲绳那霸市外城岳发掘出土、后来归于东京大学文学部资料室的战国货币磬折式明刀，就属于这种情形。这些文物见证了古代中国与周边国家经济文化交往的历史。正如李学勤所说："这说明古代自辽东向南应有一条交通路线，以航运与冲绳相连。"

当我们注视海外中国文物的命运的时候，可以看到许多文物不仅得以珍藏，而且成为不少海外学者倾心研究的对象。向国内学界介绍有关研究成果，也有益于更充分地体现这些文物的文化价值，更好地发挥这些文物的文化作用。由李学勤教授主持或积极参与，陆续有《清华汉学研究》《国际汉学著作提要》《国际汉学漫步》《法国汉学》《华学》等出版物面世。其中的重要内容，就包括对海外中国文物研究成果的总结和分析。应当说，这可以看作另一种意义上的对海外中国文物的访求，可以看作另一种意义上的"四海寻珍"。

原载于《学习时报》2003 年 10 月 27 日

史学的"工笔"

汉代文物的研究，先有从宋代开始繁荣的金石学作为基础，近世以来，陈直先生等以史籍和器物互证，开一学术新径。就比较全面的综合考察而言，我们看到日本学者林巳奈夫的《漢代の文物》（京都大學人文科學研究所，1976 年）一书，予出土品和传世品以同样的重视，对器物和画像兼收博采，将文物和文献比照研究。作者的意图，如该书序言所说，在于"追求对当时文化的尽可能全面的认识"，其方法，是"广泛地灵活地运用汉代文献、遗物和图像资料"。作者期望这部著作"为专门研究者对汉代文物的认识提供帮助，进而对所有关心中国历史文化的人们提供参考"。这一目的，应当说是实现了。孙机先生又有《汉代物质文化资料图说》（文物出版社，1991 年）一书，对"物质文化资料"的分类研究，更为细密精致。此书问世，使得人们对汉代历史文化的认识，可以更为真切具体。我们多次向历史题材影视作品的编创人员推荐这部书，以利于反映汉代历史的影视作品能够少一些"硬伤"，能够更为接近历史的真实。可惜这样的学术精品，至今还没有受到足够的重视。

扬之水按照同样学术思路进行的"名物"研究在学界已经赢得了很好的声誉。继《诗经名物新证》（北京古籍出版社，2000年）之后，又新出《古诗文名物新证》（紫禁城出版社，2004年）两册计60万字，其中以汉代文物为研究对象的内容，有《帷幄故事》《两汉书事》《沂南画像石墓所见汉故事》《幡与牙旗》等多篇。而《说"勺药之和"》一篇中，汉代画像和器物资料也是论说的主要依据。汉代人的居卧、饮食、书写、出行等一系列制度和习惯，都一一由作者说明。也许，其有关论证与前人的研究论著比较，并不是最严密最完善的（如有关书事、有关餐饮的讨论），但是图文的结合和考论的精巧，取得了别开生面的学术效果。除了多提出文物的证据之外，文字的优雅，也给读者以美的享受。

据作者在《后序》中所说："新的名物研究，其基础依然是训诂和考据，不过它却可能、也必须站在历史、文学、考古等学科的结合部来审视文物，当然这里需要的不是捏合，而是打通，即在文献与实物的碰合处发现物里物外的故事，进而用'文物'所呈现出来的历史真实，构筑起作为'事件'的细节，以丰满历史进程中的一个小小的局部，或者说，一个小小的'点'。在很久以后的将来，把若干的'点'连起来，或许就能够呈现一个清晰的精细的历史进程。"（第525页）作者对历史认识"清晰"和"精细"的追求，正是科学实证原则的体现。

"小中见大"（第533页），是扬之水研究的特色之一。《沂南画像石墓所见汉故事》的考察方式，就画面内容认真解析，读出了"脉络大体清晰的完整叙事"（第487页），将以往对所谓《祭祀图》的解读，更正为"上计"和"亭传"主题，这确实是新的发现。扬之水指出："沂南画像石墓的表现手法……能够把既有的程式变作与众不同的叙述语言，且以画像石中少见的刻画细微突出了叙事中的细节的真实，其中的若干细节与文献对照，竟分毫不爽。作品选择了墓主人生涯中时人以为有意义的一二事件和生活场景，构成一部简略的画传，而'拟绘画式'的写实之笔又使它成为在石头上用形象表述出来的汉故事，那么寻找和认识它所传递的历史信息，便是细读的意义了。"（第487页）这种对文物"细微"之处的"细读"，进而实现对历史"细节"的真确认识，从而理解涉及文化层面其实相当宏大的"历史信息"，显然是值得推崇的研究方式。如通过画面对"上计"制度的说明，虽然是由一个个"小小的'点'""小小的局部"介入的，却揭示了涉及政治控制、行政管理、经济体制等相当宏大的问题。以往关于"上计"的研究成果有不少，但很少以这种视角进行讨论。扬之水的著作可以将人们带到真实的历史场景，使人们产生全新的历史感。

对于汉代画像的理解，若干成见需要重新澄清。近年多有学者进行了深入的工作，使我们对相关历史遗迹的认识得以更新。邢义田先生的研究，多可推进对此类汉代文物遗存的真实意义的理解，比如《汉代画像中的"射爵射侯图"》一文，就使以往误解为"树木射鸟图"的画像得以正名。扬之水的《沂南画像石墓所见汉故事》也以同样的学术贡献，应当接受汉史研究同道们的感谢。

《古诗文名物新证》所论述的主题，从秦汉直至明清，时代跨度很大，而研究的切入点，则全在细微之处。作者对于古人香事、茶事、书事、女子妆饰、儿童游戏、居室陈设、出行仪仗，乃至行政制度有关细节的详尽考证，展现了生活史以及社会史的多彩画面，正如作者所说，"琐琐细细，好教我们觑得当日情景"（第329页）。新近出版的《趣味考据（贰）》（云南人民出版社，2005年）收入了其中的《龙涎真品与龙涎香品》《印香与印香炉》《说"事儿"》《从孩儿诗到百子图》四篇，已经得到读者的欢迎。

中国画中用工整致密描绘物象的笔法，被称作"工笔"。"工笔"是属于工细一类的画法，而有别于"写意"。如果我们用中国画不同的传统技法比喻历史文化研究的不同风格，扬之水的论著可以称作"工笔"的成功。

王筱芸先生在为《古诗文名物新证》所写的《序》中说道："历史的细节是很有力量的。从学术史的大处着眼，每一次现代考古发现，都是在发现历史细节。如本世纪初的甲骨文、敦煌文书、流沙坠简的发现，以及王国维据甲骨文考证的历史细节，对殷周制度研究的惊世开拓，并由此建立的文物与文献的'二重证据法'。在近代学术史上，几乎每一次考古发掘带来的历史细节的新发现，都对学术研究产生影响，都引起了历史研究方法的变化，都开拓了学术的新领域。"（第7页）在扬之水的研究中，"感兴趣并关注的是古代的日常生活和历史细节——日常生活器物，与物相关的生活场景和文化语境——这些在宏大叙事的价值取向中，仅仅作为背景、退居边缘的对象——在作者的研究和本书里成为了中心"（第4—5页）。作者正是通过对这种"深入、细致、精微的历史细节"的考察和描述，发现了若干历史的隐奥，"在古代日常生活史的现场重构中，达到宏大历史叙事所不能企及的历史丰富性和生动性"（第6页）。我们同意王筱芸先生的话，也愿意重复这篇序文中对于扬之水的祝愿："愿作者在其开辟的学术新天地中一路采撷，在历史细节的不断发现和重新诠释中，唤醒和复活更多的古典的记忆，用以温热和滋润中国人的精神世界和家园意识。"（第7页）当然，我们内心更热切地期望，更多的学者运用这样的研究方法，推进科学的史学学术的进步。

最近有人在阐说中国史学向何处去的问题时，喊出"毫不动摇地坚持马克思主义的基本原理，坚持走形成和完善中国特色历史科学道路"的口号。然而所批评的倾向，包括"远离现实、淡化理论，以考据代替科学，以对枝叶末节的苛求代替对社会规律的探索"。我们不能同意将"考据"和"科学"对立起来的意见。实际上，中国传统的考据学，体现着真正的科学精神。梁启超评价清人考据，有"科学的研究精神实启之"的肯定意见（《清代学术概论》，《梁启超论清学史二种》，朱维铮校注，复旦大学出版社，1985年，第6页）。也有学者曾经指出，清代考据学者"可以说是富有科学家精神，也运用了科学方法"，他们所坚持的，"便是牛顿、达尔文的治学态度"，"钱大昕推许戴东原'实事求是，不主一家'，俨然是科学家的头脑了"，"假如他们研究的对象是自然科学的话，他们便是达尔文、法布耳那样的科学家了"。（曹聚仁：《皖学》，《中国学术思想史随笔》，三联书店，1986年，第266至第269页）20世纪曾经有一概贬抑"考据"的时期，当时对于考据学，有"厚古薄今、舍本求末、烦琐考证"（《中国古代史》，人民出版社，1979年，下册第494页），"脱离社会现实、为考据而考据"（《中国古代史》，福建人民出版社，1982年，下册第369页），"终日只在书本内下功夫，使学术完全脱离了实际生活，眼光窄隘，思想闭塞，排挤了一切进步思想的发展"（翦伯赞主编：《中国史纲要》，人民出版社，1963年，第3册，第315页）等批评。其实，对历史细节的考据和研究，也许确实比空谈

"理论"，空谈"社会规律"更接近"科学"。难以设想，如果没有对历史"细节"的科学认识作为基础，怎样进行"对社会规律的探索"？事实上我们看到，"对社会规律的探索"稍有成就的学者，也大都从考据学中得到过有益的学术营养。即使后来对考据学发表过不无偏激倾向的否定意见和批判言辞的学者，也往往在自己的学术实践中继承了考据学的学术原则、学术风格和学术方法，尽管他们或许没有察觉或者不愿意承认这一点。

论者在批评"以考据代替科学，以对枝叶末节的苛求代替对社会规律的探索"的同时，对"考据"的否定更进一步，又将这种研究方法同"放弃马克思主义的指导，紧随西方资产阶级史学，将中国史学变成传播西方价值观念、意识形态的工具"，"变成西方学术的附庸"等同起来。这种说法，似乎使人再次听到"极左"时代的政治恫吓，让人感觉到似乎又要被曾经令自由学术窒息的沉闷空气再次包围。说到这里，我们不能不心怀这样的忧虑：如果任由这样的观念影响史学研究，则不仅认真考察历史细节的"工笔"形式被否定，而涉及探求社会历史规律的"写意"形式，也会因概念化、公式化导致的空疏之风盛起而远离历史真实，成为由主观随意性主宰的无聊涂抹。

原载于《博览群书》2005 年第 7 期

《缪钺全集》出版感言

古人常常将散佚的精彩论著称作"沧海遗珠"。如宋人俞文豹《吹剑录》所说："古今诗人，间见层出，极有佳句，无人收拾，尽成遗珠。"由于多种原因，文明的英粲在历史的"沧海"中多有失落，成为永远的遗憾。现今学术论作的发表亦几成沧海汪洋，要在其中寻求若干有特殊价值的旧著，也常常不免"遗珠"之叹。有识见的出版家能够精心"收拾"整理学术大家散落已久的论著，丰富文化的积累，保护文化的精华，实际上也在成就着文化的功德。河北教育出版社新近推出《缪钺全集》，就因此令治文史之学者深心感动。

缪钺先生以在中国古代史、中国历史文献学、中国古典文学等领域研究成果卓越而著名。曾经出版专著十数种，有显著的学术影响。缪钺先生又工诗词，年登九秩之时，饶宗颐先生在贺词中称为"词坛尊宿，史国灵光"。周一良先生撰联又有"文史回翔，绛帐春风三千弟子；诗词并美，灵谿妙谛一代宗师"的赞誉。作为对这位学术宗师一生研究成果和诗词创作的全面总结，河北教育出版社此次整理出版的《缪钺全集》在缪钺先生百年诞辰之际面世，应当看作一种绝好的纪念。

《缪钺全集》八卷，收有《冰茧庵读史存稿》《冰茧庵古典文学论集》《冰茧庵词说》《〈三国志〉与陈寿研究》《杜牧研究》《中国文学史讲演录（唐以前）》《中国史上之民族词人》《冰茧庵序跋随笔》《冰茧庵札记》和《冰茧庵诗词稿》等。其中《中国文学史讲演录（唐以前）》据未刊手稿增入，《冰茧庵诗词稿》经重新整理编校。这部八卷本《缪钺全集》，还增收了29篇未刊手稿和油印稿论作。所收录53篇发表于1949年以前的论文，尤其给研究者提供了方便。其中如《先秦书中孔老关系诸史料之检讨》《吕氏春秋撰著考》《何晏王弼事辑》《〈晋书·潘岳传〉疏证》《南北朝之物价》《六朝人之言谈》等，都具有特殊的学术价值而今天的学人已难以查找。发表于1943年的《评郭沫若著〈屈原研究〉》一文中"郭君治学，冥心自运，不主故常，持说虽不免偏宕之处，而亦多精悍独美"，以及"运思深锐""独往独来"等评价，应当引起关心近代学术史者的注意。作者举出胡厚宣《殷非奴隶社会论》一文中的观点，以为"胡君此文，论证详核，可供郭君之参考也"的意见，也体现出学术自由争辩的良好气象。发表于 1944 年的《读〈二程全书〉》一文，作为二程"开创新学派之功"的对照，说到"王充生东汉初年，其时阴阳迷信之说方盛"，"著《论衡》八十五篇，自己并非建树精深之思想系统，仅能排诋虚妄，今人犹盛推其卓识"，这样的认识，也值得研究汉代文化史的人们关注。收入《冰茧庵札记》的一些短文，如《〈吕氏春秋〉错简》《与友人论〈墨经〉撰著年代》《读〈魏书〉札记》《定乱与治国》《论王安石》《康熙帝平生行事》等，有的是发表很早的旧作，有的是从未刊布的手稿，我们今天能够捧读，自然以为幸事。

在发表于 1933 年的《顾亭林先生三百二十年纪念》一文中，缪钺先生极力推重顾炎武道德文章所体现的"极精诚之宗教精神"。他说，这种精神从表面看来，"似近于愚"，"然天下有价值之事业，皆此种似愚之人为之"。缪钺先生感叹："盱衡宇内，殊鲜见有所必为及有所必不为之人，亦殊鲜见忠于人忠于事及忠于道之志士。"他说："今国人惟自谋过巧，故一切事业皆虚伪浮脆，不足以当一击。藉使全世界之人咸以虚伪相尚，吾国人亦未尝不可以委蛇其间。无奈瀛海列强，方精诚坚卓，孜孜不已，而吾欲以虚伪浮脆当之，宁有不立败者乎？"缪钺先生说，"稍读史册，即感觉今日一切情形与中国历史意味相去绝远"。怎样理解这里所说的"中国历史意味"，可能还需要讨论。而我们在缪钺先生此说 70 年之后"感觉今日一切情形"，依然可以有所深思。也许我们今天应当致力的，首先是反对学术与文化的"虚伪浮脆"。缪钺先生所肯定的"忠于事及忠于道"，我们应当读作忠于学术、忠于科学的原则。

宋人周紫芝《与王漕乞张右史集》诗写道："张绪风流士，文昌古淡诗。发扬知有助，埋没竟多时。公已勤雠校，神应作护持。何当遗珠玉，璀璨满书帏。"（《太仓稊米集》卷二四）周紫芝曾经将当时名人作品"集中不载"的"绝妙好辞"辑录成《沧海遗珠》一书（《书沧海遗珠后》，《太仓稊米集》卷六七）。宋人叶适《题刘潜夫诗什并以将行》也有"穿尽遗珠簇尽花"句（《水心集》卷八）形容整理散落名作的意义。今天我们读《缪钺全集》，在面对"璀璨满书帏"之际，除河北教育出版社之外，自然也应当感谢有"勤雠校"之功的编校整理者缪元朗、景蜀慧先生。这里不妨借用缪钺先生《冰茧庵诗词稿》卷三的诗句以致意："锦被成时天下暖，论功应念织机人。"

原载于《河北学刊》2004年第6期

史学论著的"燕瘦环肥"：说"读史札记"的意义

　　历史是任人打扮的女孩子，这样的说法曾经被认定为胡适的话，反复受到批判。已经有人指出，胡适其实并没有说过这样的话。根据文化学者谢泳的分析，这句话是由胡适的长篇演讲稿《实验主义》中的一种说法变化过来的，然而与胡适的原意恰好相反。胡适的这篇演讲稿最初发表在《新青年》上。这段话是介绍詹姆士的实在论哲学思想时说的。原话是："实在是我们自己改造过的实在。这个实在里面含有无数人造的分子。实在是一个很服从的女孩子，她百依百顺地由我们替她涂抹起来，装扮起来。好比一块大理石到了我们手里，由我们雕成什么像。"（《胡适作品集》第四集，台湾远流出版公司，1986 年）论者分析说，这句话是如何流传开来的，一时不好查考，但可能与冯友兰当时的一篇文章有关。冯友兰在批判胡适运动中写了《哲学史与政治——论胡适哲学史工作和他底反动的政治路线底关系》，其中有一段说："实用主义者的胡适，本来认为历史是可以随便摆弄的。历史像个'千依百顺的女孩子',是可以随便装扮涂抹的。"(《胡适思想批判》第六集,三联书店,1955年,第81页)

其实,如果从史学的文化魅力来看,少女的比喻或许是适宜的。我们如果借用这样的说法来讨论史学论著的体裁和形式,自然也会注意到"短长肥瘦各有态,玉环飞燕谁敢憎"(苏轼:《孙莘老求墨妙亭诗》)的情形。

时下最被看重的史学成果的载体,是论文。现今一些学术机构的价值评定系统,对于论文的品评,又有若干附加的条件,例如刊物的等级,摘引的频度,篇幅的长短等等。

实际上,论文这种形式的通行,对于具有悠久传统的中国史学而言,是相当晚近的事。

中国传统史学的成果,丰富了我们民族文化的宝库,也充实了人类知识的宝库。就其学术积累而言,以正式采用经、史、子、集四部进行图书分类的《隋书·经籍志》为例,其中所著录的史部书籍多达13264卷,竟占到经史子集四部合计总数31694卷的41.85%。而王阳明"'五经'亦史"(《传习录》卷一),章学诚"'六经'皆'史'"(《文史通义内篇一·易教上》)等说法,又指出在史部以外的著述中,其实也多有史学成就。

然而,中国传统史学这些所谓"汗牛充栋""浩如烟海"的论著,长期以来,并非以今天人们眼界中的"论文"

的形式发表流传的。

今天，"论文"似乎已经成为工业化社会学术生产的标准化形式。一二三四，起承转合，脚注尾注，提要关键词……程式和规范的严格，助成了新的"八股"的出现。为了适应根据常规预设的框架，于是又有言辞空泛、声势虚张，甚至随意"注水"的现象发生。

我们看到，即使 20 世纪论文形式开始兴起之后，一些史学大师的研究成果，其实也并不是以这种整齐划一的形制生产的。有的学者认为有必要为高校历史学科的学生选编史学论文的范本，如果严格按照现今的论文格式规范要求，估计王国维、陈寅恪等学者的许多杰作也难以编列其中。

清乾隆《御选唐宋诗醇·凡例》写道："李杜名盛而传久，是以评赏家特多。韩白同出唐时，而名不逮。韩之见重，尤后于白。则品论之词，故应递减。苏陆在宋，年代既殊，名望亦复不敌。晚出者评语更寥寥矣。多者择而取之，少者不容傅会。折衷一定，声价自齐。燕瘦环肥，初不以妆饰之浓淡为妍媸也。"关于诗人"名望"所以差异，论说未必中肯，然而最后一句，却指明了内容和形式之关系的真理："燕瘦环肥，初不以妆饰之浓淡为妍媸也。"学术的"品论"和"评赏"，应当首先重视内容，形式方面"妆饰之浓淡"，不是判定"妍媸"的主要标准。清人陈维崧的话，借用来作为史学形式的"评语"，应当以为同样说得精当："燕瘦环肥，要缘风土；越禽代马，互有便安。"（《毛大可新纳姬人序》，《陈检讨四六》卷一二）此所谓"风土"，本义是空间概念，或许也可以移用以为时间概念，则古人"王杨卢骆当时体"（杜甫：《戏为六绝句》）诗意，似乎也隐含其中。

"札记"，就是传统史学的"当时体"。许多中国史学名著都是以"札记"的形式面世的。王应麟的《困学纪闻》、顾炎武的《日知录》、赵翼的《廿二史札记》和《陔余丛考》等，虽著者或谦称"眭记浅狭，不足满有识者之一笑"（赵翼《陔余丛考小引》），而内心实有"平生之志与业皆在其中"（顾炎武《与友人论门人书》）和"自信其书之必传"（顾炎武《与杨雪臣书》）的自负。这些论著确实对后来学人产生了长久的学术影响，在史学学术史上的地位都是毋庸置疑的，然而这些论著均以札记形式存世。近世史学学者仍多有沿用札记形式发表学术创见者。如顾颉刚《浪口村随笔》（上海合众图书馆 1949 年油印），后经增订，辑为《史林杂识初编》（中华书局，1963 年）。10 卷本《顾颉刚读书笔记》（台湾联经出版公司，1990 年）经顾颉刚先生亲订、并由后人整理，学术价值尤为珍贵。此外，陈登原《国史旧闻》（三联书店，1958 年）、钱锺书《管锥编》（中华书局，1979 年）、《吕思勉读史札记》（上海古籍出版社，1982 年）、周一良《魏晋南北朝史札记》（中华书局，1985 年）、贾敬颜《民族历史文化萃要》（吉林教育出版社，1990年），以及吴承仕《检斋读书提要》（北京师范大学出版社，1986年）、罗继祖《枫窗三录》（大连出版社，2000年）等，也都是治史者不能忽视的名著。有的学者将论文、札记、报告以及演讲稿的合集题为"札记"，如李学勤《夏商周年代学札记》（辽宁大学出版社，1999年），也说明对"札记"这种学术形式的看重。

遗憾的是，在通行学术价值评价系统只承认专著和论文的今天，"札记"这种精要、简明、活泼、朴实的学术形式，由于主题相对具体，篇幅相对短小，在相当多的情况下，似乎已经失却了能够参与学术品级竞争的基本资质，被排除在基本评价体系之外。人们似乎忘记了"短长肥瘦各有态"的古语，愿意将史学论著封锢在单一化的框架中。

好在有若干学术品味较高的史学刊物，对于这种学术形式仍然予以足够的重视，如《历史研究》《中国史研究》《文史》《史学月刊》以及《中华文史论丛》等，给读者和作者保留了一种特殊的学术空间。

《历史研究》"读史札记"栏目的学术优越性，因为编者的重视，得到了较好的体现。以2000年以来的情形而言，自2000年第1期至2004年第2期，出刊26期，发表文章合计416篇，其中"读史札记"42篇，篇数占总数的10.1%。实际上，"读者来信""讨论与评议"，以及"书评"和"学术述评"栏目中的有些内容，也可以归入"札记"的范畴。郭松义、高世瑜、商传、赵世瑜、定宜庄、李伯重、李小江的"笔谈"《历史、史学与性别》（2002年6期），其形式也与"札记"多有相类似处。可知《历史研究》发表的成果中，"读史札记"一类占有相当重的分量。

《历史研究》"读史札记"栏目下，多有学术珍品面世。阎步克《北齐官品的年代问题》（2001年3期），杨天石《四一二政变前夕的吴稚晖》，薄洁萍《乱伦禁忌：中世纪基督教会对世俗婚姻的限制》（2003年6期）等，都是质量相当高的成果。特别值得注意的，是作为"读史札记"发表的作品中，多有利用考古资料研究的收获。如赵世超《浴日和御日》，刘宗汉《〈叔虒方鼎〉"王乎殷厥士赏叔虒"解》（2003年3期），孙继民《黑水城宋代文书所见荫补拟官程序》（2004年2期）等。新出考古资料尤其受到重视，如陈伟《秦苍梧、洞庭二郡刍论》（2003年5期），田旭东《张家山汉简〈盖庐〉中的兵阴阳家》（2002年6期），蔡万进《尹湾汉简〈元延二年日记〉所载汉代气象资料》（2002年4期），葛承雍《唐代长安一个粟特家庭的景教信仰》（2001年3期）等，或以观点新异，或以见解深刻，都有较好的学术反响。2001年4期刊发的"读史札记"栏下"走马楼吴简研究"一组7篇短文，即王素《吴简所见"调"应是"户调"》，罗新《吴简中的"督军粮都尉"简》，孟彦弘《释"还民"》，韩树峰《吴简中的口算钱》，侯旭东《三国吴简两文书初探》，汪小烜《吴简所见"肿足"解》，刘聪《吴简所见"关邸阁"试解》，尤其使读者感觉到老刊物的新生面。这组文章切近学术前沿，就选题和内容而言，学术含量也较高。虽然讨论的都是很具体的问题，却都能以文献记载和考古资料相结合，发掘新史料，提出新见解。关心这一时期历史文化的学者，关心简牍研究的学者，都可以从中获得启示。这组文章的作者中，汪小烜、刘聪都是在校硕士研究生，然而对于这一专题的研究都是肯于用功的先行者。其成果能够在《历史研究》刊出，也体现出《历史研究》鼓励和推奖史学新人的好意。

事实上，"札记"的形式在新的学术环境下的生命力是显而易见的。互联网上史学网站许多讨论具体学术问题的帖子，就具有传统学术形式"札记"的品性。

建议《历史研究》"读史札记"栏多发表讲究实证、文字简练、有新见的学术短文，以继承古来学者以学术札记、学术笔记、学术随笔形式阐发新义、阐发深义的传统。这样也有益于扩展《历史研究》的学术容量。如果能够在适当时候如 2001 年 4 期那样发表成组的以新出简牍为研究对象的"读史札记"，当然也是历史学、考古学、文献学研究者所共同希望的。

原载于《历史研究》2004 年第 4 期

第三辑　古董新识

古董的"神韵"

　　《左传·桓公二年》说："文物以纪之，声明以发之。""文物"辞义与现今不同。宋词名作有张舜民《江神子》，其中写道："七朝文物旧江山。水如天。莫凭栏。千古斜阳，无处问长安。"这里说到的"文物"，或许已经接近现代汉语中"文物"的语义了。而"文物"是历史的遗存，可据以探知古代文化的观点，在某种意义上也已经与今天我们的意识十分相近。人们接近、观察和研究文物的机会，通常可以由博物馆提供。博物馆的展览毕竟有限，许多库存文物难以一一通过陈列和人们见面，于是，文物图录作为纸本资料成为人们认识古代物质遗存的一种途径。陕西历史博物馆为纪念馆庆 15 周年，与三秦出版社合作推出了《神韵与辉煌——陕西历史博物馆国宝鉴赏》一书。全书分 6 卷，以文物类型区分，即唐墓壁画、金银器、青铜器、陶俑、陶瓷器和玉杂器，收录了该馆收藏的 800 余件（组）一级文物以及部分尚未定级的珍贵文物，给予研究者以相当大的方便。这部文物图录印制精美，说明文字也注意避免过分的学术化，以求适应社会层面更为宽广的读者群。

《神韵与辉煌》一书为读者提供了十分丰富的历史文化信息。如《青铜器卷》中战国秦或秦朝的青铜龙、茂陵从葬坑出土竹节薰炉、陕西石泉潭家湾出土鎏金铜蚕，都是可以代表当时文化风尚和时代精神的非常珍贵的文物。又如《陶俑卷》中陕西咸阳窑店出土的南北朝彩绘踏碓舂米俑，陕西长安韦曲北街明秦王墓出土的彩绘抬轿男立俑，都是体现下层民众劳动生活的极可宝贵的实证。《唐墓壁画卷》可见西安东郊苏思勗墓壁画二人抬箱图，也可以看作同类的文化遗存。《陶俑卷》中收入的陕西旬邑城关镇出土宋代沐浴童子俑、睡卧童子俑、拍掌童子俑、击鼓童子俑以及形容端庄肃穆的童僧俑等，则是从一个特殊侧面认识社会生活的有意义的资料。西安郊区唐墓出土彩绘跪拜女俑，陕西凤县出土宋代跪拜文吏俑，又都反映了等级社会卑贱者的生活情状和心理面貌。研究古代社会结构的学者，可以由这部图录中的画面得到一些直观的印象。《玉杂器卷》所收陕西凤翔秦公一号大墓出土玉鞋底、汉灞桥纸残片、陕西咸阳毕原征集金五铢、西安南郊何家村出土金开元通宝、陕西旬阳出土独孤信多面体煤精组印、西安西郊小土门村出土唐琉璃镜等，也都是研究者特别珍视的文物精品。

　　李学勤先生曾经指出，出土文物固然都是物质的东西，"可是这些物质的东西又是和古代的精神文化分不开的"。各种古代器物和遗址一样，"都寄托着古人的思想和观念，通过这些物质的东西，可以看到当时的时代精神"（《东周与秦代文明》，文物出版社，1984年，第379页）。"考古发现的东西，当然是物质的，但很多都是反映精神的。其实道理很简单，比如一个墓葬，它总有一定的葬仪，一定的礼制，这些都是精神的东西。一个铜器，一个陶器，这些东西都是反映当时的社会文化，当时的风俗习惯。如果只是从物质上来看，就把其中所蕴涵的文化价值大部分丧失了"（《中国古史寻证》，上海科技教育出版社，2002年，第71页至第72页）。陕西历史博物馆的这部图录书名用"神韵"二字，突出显示了这些珍贵文物的历史价值、文化价值、艺术价值和美学价值，也表现出编辑者和出版者在鉴赏和研究这些文物时值得称许的学术眼光。

　　文物曾经长期称作"古董"，又写作"骨董""汩董"。明代学者镏绩《霏雪录》卷上写道："'骨董'乃方言，初无定字。东坡尝作'骨董羹'，用此二字。晦庵先生《语类》只作'汩董'。"《疑耀》一书署名李贽，《四库全书提要》以为李贽门人张萱自纂，而嫁名于贽。其书卷五"骨董"条除引录镏绩关于苏轼和朱熹的故事之外，还写道：

"今人作'古董'字，其义不可晓。"明代学者方以智注意到《说文·匚部》"匫，古器也"的说法，又引录笺曰："今谓'骨董'即'匫董'之讹也。"（《通雅》卷三三）其说可备参考。段玉裁《说文解字注》也说："毕尚书沅得匫鼎，岂其器即'匫'与？""古董"或"骨董"的语源，我们还不能确切地说明。然而对相关社会文化现象有所关注，却是必要的。

珍爱古董、收藏古董的风习，古已有之。传说中的东方部族领袖徐偃王曾经是大旅行家周穆王的战争对手，以至让那位到达西王母之邦、和西方女王把酒吟歌、玩得正高兴的穆天子慌慌张张，"长驱归周，一日千里以救乱"（《史记·秦本纪》）。《尸子》卷下说，"徐偃王好怪，没深水而得怪鱼，入深山而得怪兽者，多列于庭"。《尚史》卷二八引《荀子》写作："徐偃王好怪，使人没深水而得怪鱼，入深山而得怪兽，多列于庭。"他所经营的，或许可以称得上是最早的博物馆了。据说徐偃王曾经得到"朱弓矢"，于是自以为得到上天对其权力的认可，于是称王（《博物志·异闻》引《徐偃王志》）。这里说到的"朱弓矢"，大约就是具有神秘主义色彩的上古兵器遗存。可见文物所具有的文化象征意义，有时可以与政治权力结合。汉武帝得到前代铜鼎，竟然因此改元，于是历史上有了"元鼎"时代。

《晋书》卷三六《张华传》记载，武库火灾，"故累代之宝及汉高斩蛇剑、王莽头、孔子履等尽焚焉"。《晋书》卷二七《五行志上》说："累代异宝，王莽头，孔子履，汉高祖断白蛇剑及二百万人器械，一时荡尽。"从西晋王朝武库失火所烧毁的历代文物，可以知道帝王的收藏兴趣。宋徽宗喜好夏商周青铜礼器，于是地方官发掘冢墓求其器以献上，竟然掀起盗墓风潮。宋人张邦基《墨庄漫录》卷七说到这样的故事："政和间，朝廷求访三代鼎彝器。程唐为陕西提点茶马，李朝孺为陕西转运，遣人于凤翔府破商比干墓，得铜盘，径二尺余，中有款识一十六字，又得玉片四十三枚，其长三寸许，上圆而锐，下阔而方，厚半指，玉色明莹。以盘献之于朝，玉乃留秦州军资库。道君皇帝曰：'代忠贤之墓，安得发掘！'乃罢（李）朝孺，退出其盘。"张邦基于是感叹道："圣德高明，有如此者。不然，丘冢之厄，不止此矣。"张邦基还写道，据说比干墓在卫州（今河南汲县）西山，而此又说墓在关中，"未知何也"。其实，程唐、李朝孺遣人发掘得铜盘之所谓凤翔府"商比干墓"，很可能是一处西周墓葬。

宋人诗文作品中已经频繁出现"骨董"字样。如韩驹《送海常化士》诗："莫言衲子篮无底，盛取江南骨董归。"（《陵阳集》卷三）又如李昂英《南华寺五首》其二："西方骨董南方宝，留镇曹溪几百年。"（《文溪集》卷一七）《南宋杂事诗》有这样的诗句："得遇天家毕骨董，虚将熏染供郊园。金龟已苦多尸气，彝鼎输他列死轩。"（卷一）"龙眠古器写形新，骨董流传入要津。六十卷中彝鼎字，不知曾否辱狂秦。"（卷三）前者说到以"买卖古器书画"为业的毕良史，因为富有专业知识，被称作"毕骨董"。后者据《挥麈录》说"李伯时自画其所蓄古器为一图"。关于"多尸气""列死轩"，涉及盗墓行为与骨董收藏的关系，如《癸辛杂识》："景定中，向若水墓为贼所劫。其棺上为一槅，尽贮平日所爱法书、名画甚多。时董正翁得其《兰亭》一卷，真定武刻也。后有名士跋语甚多，其精神煜煜，透出纸外。正翁极珍之，然尸气所侵，其臭殆不可近……或教之以檀香能去尸气，遂作檀香函贮之。"《研北杂志》："毕少董命所居之室曰'死轩'。凡所服用，皆上古圹中之物。玉如彼含蝉是也。"

　　记述宋王朝南渡以后杭州土俗民风的《都城纪胜》一书有"诸行"一节，说到当时文物已经进入市场，出现了专门买卖"骨董"的商市："又有异名者，如七宝谓之'骨董行'，浴堂谓之'香水行'是也。"宋人吴自牧《梦粱录》卷一三"团行"写道："又有异名'行'者，如买卖七宝者谓之'骨董行'，钻珠子者名曰'散儿行'，作靴鞋者名'双线行'，开浴堂者名'香水行'。"当时有人已经能够因经营骨董买卖以致巨富。宋人周必大《泛舟游山录》写道："有元居实者，绍兴间掌市骨董于榷场，坐致高赀。"（《文忠集》卷一六七）收藏古董的世风兴起，导致权力阶级的巧取豪夺，导致盗墓现象的盛行，导致造假行为的泛滥。于是，"正伪固不易辨"（陆九渊：《与刘淳叟》，《象山集》卷四），"家藏市售，真赝纵横"（《画史会要》卷四），"真赝相眩，则伪者常胜"（《佩文斋书画谱》卷七〇）。中国古代文物收藏史和文物鉴赏史上，于是有了"正伪"和"真赝"的长期的较量。

对古董的专爱，至少自宋代开始就已经成为许多士大夫的癖好。朱熹评价某人，有所谓"亦只是个清旷、会说话、好骨董、谈禅底人"这样的话（《朱子语类》卷一三一）。

明代学者顾宪成《与李漕抚修吾》有这样一段文字："足下尝谓富贵功名都如梦幻，乃有好古董一癖，何也？此以视求田问舍，则有间矣，其为累等也。且所谓古董者，在我而已。我能做百年的勾当，便是百年的古董。我能做千年的勾当，便是千年的古董。我能做万年的勾当，便是万年的古董。彼世之所谓古董何为哉？一落形器天地，且不免有时雕毁，而况其他乎？亦可哑然一笑矣。高明以为何如？"（《泾皋藏稿》卷五）《国朝宫史》卷二一有"古董房"一条，可知清代宫廷制度规定，有专门管理古董的机构："古董房。首领一名。八品侍监，每月银四两，米四斛，公费银七钱三分三厘。太监十二名。每月银二两，米一斛半，公费银六钱六分六厘。专司收贮古玩器皿坐更等事。""古董房"首领有相当的级别。这一部门的职能，是"专司收贮古玩器皿坐更等事"。

雍正三年（1725）七月十九日直隶总督臣利瓦伊钧上奏，说到抄检年羹尧家产事："年羹尧家赀巨富，狡兔三窟。今检其对象，除现银五万一千四百两外，其余纱鞋、古董等物，约值银十万余两，并无贵重之物，可见藏匿他处甚多也。"（《世宗宪皇帝朱批谕旨》卷一○下）又说："尔之金帛古董有限。"（《世宗宪皇帝朱批谕旨》卷二八）罪臣之家价值以白银万两计的"古董"收藏，竟然因其"有限"而被判定为并非全部，可见通常豪门贵族聚敛"古董"风气之盛。

爱好古物，是一种悠久的文化传统。专心收藏文物固然比破坏文物要好得多，然而如果仅仅从货币价值来看文物，将文物只是看作保值增值的"宝"，可以说并没有完全脱离一种市儿的低级趣味，严格说来，是贬低了文物的真正品质。文物或者说"古董"，原本是深涵着比表面的优雅造型和灿烂彩饰更为光华美好的意蕴，未可用简单的商品价位来评定其文化精神、文化气质和文化灵魂。这种精神、气质或者灵魂，称之为"神韵"也许是适宜的。文物的鉴定如果只是用金钱的数额来考量文物的价值，只是用市场的价位来评定文物的等级，这种"鉴宝"的文化性质是颇为可疑的，就好比把才高气清的林妹妹和宝姑娘强行绑赴勾栏标价一样。

明人叶春及曾经发表"玩好骨董"是"无益"之事、

应当谴责的意见："虽不赌财物而铺牌演戏，奕棋双陆，玩好骨董，学习弹唱，琵琶三弦，羌管番笛，广收花石，猎养禽鸟，作诸无益者，一并罪之。"（《石洞集》卷七）"玩好骨董"作为休闲形式，应当说是高雅的。若欲"罪之"，自然严厉至于极端了。所说"无益"，大概是指对文化的建设和积累没有有意义的积极的推进。明代学者陆深自己收藏古董，却赞同不收买古董的做法。他在《京中家书二十三首》之十中写道："吾儿不欲收买古董，甚正当正当。吾所以为之者，欲为晚年消日之资，亦不可为训也。若是古来礼乐之器，又不可直以玩好视之。"（《俨山集》卷九八）

陆深写给儿子的这封信，言辞殷切。其中"若是古来礼乐之器，又不可直以玩好视之"语，体现出对"古来礼乐之器"的特殊文化品质的看重。这一见解，颇值得肯定。古物往往被看作富有文化深意的象征，清代学者陆世仪《思辨录辑要》卷一〇对"玩好骨董"的风气有所分析："今人多宝爱骨董，铺张陈设，以供玩赏。此真所谓玩物丧志，殊为无谓。予向恶之。近日思得此种器物，亦有用处。盖古者宗庙祭器，必用贵重华美之物。如瑚琏簠簋之类、虽有家与有国不同，然古人祭器，必用重物无疑。今世士大夫金玉之器，充满几席，祖宗祭器，则仅取充数，殊非古人致孝鬼神致美黻冕之意也。愚以为士大夫家凡有家传重器，如古铜炉鼎及哥窑定窑之类，当即以为祭器。

贫者则以精洁之器为之。断不可以滥恶之物进御鬼神也。用重器为祭器，有三善焉：致尊敬之意，一善也。赫赫煌煌，动人瞻仰，二善也。涤器进馔之时，执是器者，咸有执玉捧盈之心，则无往而不可致吾尊敬之意，三善也。"这位陆先生只关注文物中的礼器，应当说也是一种偏见。他主张以文物作祭器的建议，我们自然是不会同意的。但是他关注"盖古者宗庙祭器，必用贵重华美之物"即通过"此种器物"透视文化大走势的特殊眼光，却是值得赞许的。至于对"今人多宝爱骨董，铺张陈设，以供玩赏"的行为，以为"此真所谓玩物丧志，殊为无谓"的批评，也体现出一种开明清醒的见解。

清人汪琬有《宣德窑脂粉箱歌并序》。诗人说："诸君子为此歌，引物连类，多至千余言。予不能然也，聊约其词为十二句。"其诗曰："景陵践阼承平中，干戈不用年屡丰。饶州花瓷充供奉，声价略与官哥同。内家妆成希进御，调脂弄粉常侵曙。至今玉骨閟荒斜，犹见深宫旧奁具。百年珍玩散四方，民间骨董夸宣皇。香炉坛盏皆奇品，不敌君家脂粉箱。"（《尧峰文钞》卷二）诗句通过一件成为"民间骨董"的明代宫廷文物遗存"君家脂粉箱"，思古抒情，让我们可以重温"承平"时代"深宫""内家""调脂弄粉"的历史记忆。由器物读史，也算是文物"鉴赏"的正确路径。吟诵这篇《脂粉箱歌》，会自然产生某种联想。似乎世人"多宝爱骨董，铺张陈设，以供玩赏"的时代，都是"承平"时代，也恰恰是许多人们热衷于"调脂弄粉"的时代，社会空间处处弥漫着一种"脂粉"气。

明人朱谋垔《画史会要》卷三记载，自号梅花道人的元代画家吴镇曾经画了一幅骷髅，题句："身外求身，梦中索梦。不是骷髅，却是骨董。万里神归，一点春动。依旧活来，拽开鼻孔。"吴镇本人的《梅花道人遗墨》卷下将这几句话题为《骷髅偈》。所谓"不是骷髅，却是骨董"，可能暗藏某种我们未可完全理解的文化深意，不过，此说真正的"骨董"未必皆是俗"收藏家"们所"宝爱"者，则确是事实。我们或许可以借取吴镇《骷髅偈》中文句，稍改其意而用之。在真正科学昌明、文化繁荣的时代，有识见的考古学者、文物学者和有基本文化素养的真正文物爱好者是可以拂去市俗积尘，将"骨董"的文化精神重新擦亮，一如"万里神归，一点春动"，让它们"依旧活来"的。

我们赞同古代开明文士对"宝爱骨董，铺张陈设，以供玩赏"行为的批评。文物"可宝"还是不"可宝"，不是本文主要讨论的问题。我们要强调的是，那种将文物简单地视作商品价值代号的"宝"的态度，其实大大贬低了文物的文化价值。文物的无价之价，正在于其内在的"精神"、内在的"神韵"、内在的历史价值和文化价值。也许正是从这样的认识出发，我们联想到读者有可能产生与现今某些媒体"鉴宝"导向难以划清界限的误解，对《神韵

与辉煌——陕西历史博物馆国宝鉴赏》一书题名中所谓
"国宝鉴赏"，不能不在内心有所保留。至于文物图录按照
质料分类是否合适，或许也是可以讨论的问题。

原题《古董的"神韵"——读〈神韵与辉煌——陕
西历史博物馆国宝鉴赏〉》，载于《博览群书》2006 年第
12 期

《闽北古陶录》读记

　　上古中国创造文明的诸多族群中称作越人的一支，在早期交通史上有活跃的表现。中国东南海陆，多有越人活动的遗存。浙江考古学者在温岭发掘的"越王城"，方志资料称作"徐偃王城"。有关纪念"徐偃王"的遗存，据《嘉庆重修一统志》，嘉兴府、台州府和衢州府各有"徐偃王庙"。另外，宁国府（治所在安徽宣城）、泗州（治所在安徽泗县）也分别有"徐偃王庙"。《史记》卷五《秦本纪》记载周穆王西行以造父为御的传说："造父以善御幸于周缪王，得骥、温骊、骅骝、騄耳之驷，西巡狩，乐而忘归。徐偃王作乱，造父为缪王御，长驱归周，一日千里以救乱。"关于导致周穆王"长驱归周，一日千里以救乱"的"徐偃王作乱"事件，裴骃《集解》："《地理志》曰临淮有徐县，云故徐国。"张守节《正义》："《括地志》云：'大徐城在泗州徐城县北三十里，古徐国也。'""《括地志》又云：'徐城在越州鄮县东南入海二百里。夏侯《志》

云翁洲上有徐偃王城。传云昔周穆王巡狩，诸侯共尊偃王，穆王闻之，令造父御，乘骥骤之马，日行千里，自还讨之。或云命楚王帅师伐之，偃王乃于此处立城以终。'"南北各有"徐偃王城""徐偃王庙"的情形，说明以"徐偃王"为领袖的部族交通能力的优越。《博物志·异闻》引《徐偃王志》说，徐偃王"欲舟行上国，乃通沟陈蔡之间"，"江淮诸侯皆伏从，伏从者三十六国"。失败后，"逃走彭城武原县东山下，百姓随之以万数，遂名其山为徐山"。徐偃王部族"舟行"方面的优胜能力以及"入海"的活动，可以与有关东南百越的历史记忆和文化印象相接应。秦始皇三十七年（前210）出游，"至钱唐，临浙江"，"上会稽，祭大禹，望于南海"。在今浙江地方"望于南海"的说法，暗示越人所开创的东海与南海航路的畅通，当时已经是交通常识。在战国时期列国均倾向靠拢中原的迁都运动中，越人"欲舟行上国"的企图之最极端的表现，即将都城从会稽迁至琅邪。这是战国距离最远、幅度最大的迁都行为。我们注意到，其实范蠡帮助越王勾践"树都"也就是规划建设都城会稽时，已经对琅邪有所关注。《吴越春秋》卷八《勾践归国外传》："城既成，而怪山自生者，琅琊东武海中山也。一夕自来，故名怪山。"注曰："即龟山也……《越绝》曰：'龟山，勾践所起游台也。'《寰宇记》：'龟山即琅琊东武山，一夕移于此。'"后来"范蠡浮海出齐""耕于海畔"的故事（《史记》卷四一《越王勾践世家》），也值得注意。越国迁都琅琊，据说调用"戈船三百艘"（《吴越春秋》卷一〇《勾践伐吴外传》），也书写了航海史重要的一页。

新近出版的《闽北古陶录——崇明古陶瓷博物馆藏品集萃》收录闽北地区古代陶器，自新石器时代晚期至汉代共 238 件。这些古陶，可以帮助我们认识越文化物质遗存的历史内涵。编者指出："进入战国时期，公元前 306 年楚怀王灭越国，勾践子孙分崩离析，向南部退守，分别建立了闽越、南越、瓯越等小国，以承越嗣，而浙闽地区大量出现的闽越、东越古代遗存，即是这段历史的表现。"（第 5 页）东越、闽越、南越对东南方向海上航运事业开发，有显著的历史贡献。他们开拓陆上交通的功绩，也见诸历史文献。例如，闽越王曾"阴计奇策，入燔寻阳楼船，欲招会稽之地，以践句践之迹"（《汉书》卷六四上《严助传》）。闽越王准备破坏寻阳楼船基地的出发点，应有维护自我航海优势的因素，也体现了陆上交通能力。徐天进《序言一》写道："崇明古陶瓷博物馆所在的光泽县位于福建的西北部，是闽江上游富屯溪的发源地，也是福建通往江西的重要路径，素有闽赣咽喉之称。"（第 7 页）又指出："随着新的考古材料不断丰富，闽浙赣交界地带作为一个相对独立的文化圈正逐渐显现。"（第 8 页）罗汝鹏的论文在介绍闽北"是福建北通全国的主要门户之一"的区位特点时，首先指出"东北与浙江省相邻"（第 11 页）。

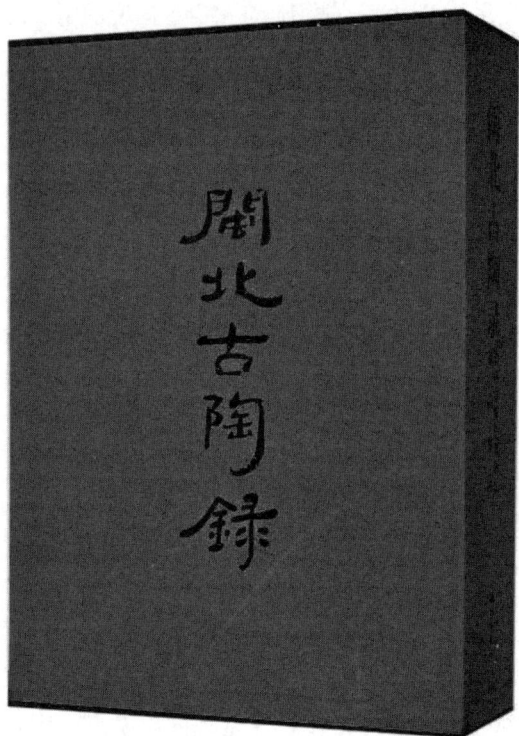

《闽北古陶录》书影

研究者指出闽北考古学文化与浙赣相关遗存的相近。而汉代文献有关闽越王"数举兵侵陵百越，并兼邻国，以为暴强"的记录（《汉书》卷六四上《严助传》），也体现这一地区的交通形势以及闽越的进取态势和主动地位。

罗汝鹏认为中原王朝所见"象鼻盉"与原始瓷大口折肩尊是"来自东南地区的闽浙交界区域"的"贡赋"（第28页至第29页）。徐天进则指出："从已有的考古证据而言，关于产地的意见是可信的，至于是否为'贡赋'之内容，还缺少充分的理由。二里头时期的'象鼻盉'和'鸭形壶'（马岭类型），商代早期的原始瓷大口尊（A型。白主段类型），西周时期的原始瓷豆（稍晚于白主段类型）等互见于相隔千里之遥的南北两地，期间的联系是显而易见的，问题是这些器物的流通究竟是基于什么样的原因？要回答这个问题只能有待于将来更多的新发现。……印纹硬陶和原始瓷器当是商王朝与南方地区资源流通的一部分。在南北资源流通的路线中，铜料资源可能才是流通的主题，而印纹硬陶和原始瓷器或作为附带品存在。"（第8页）这样的意见我们是同意的。历代其实都可以看到"流通的主题"之外的类似"附带品"在文化交往过程中显赫的"存在"。徐天进引录了苏秉琦的说法：我们可以把"几何形印文陶"当作一把"锁钥"，打开通向探索江南地区从原始社会到秦汉以前的文化史这一重要历史课题的大门（苏秉琦：《关于"几何形印文陶"——江南地区印文陶问题学术讨论会论文学习笔记》,《文物集刊》第 3 辑)。这把"锁钥"可以打开探索"从原始社会到秦汉以前的文化史这一重要历史课题的大门","从原始社会到秦汉以前"是循时间线索探究"历史课题"。然而通过相关历史迹象考察上古时代闽浙赣交通,以及中原与"江南地区""南方地区"交通,则是通过空间视角理解"历史课题"。在这样的探索中,古陶依然可以成为解决问题的"锁钥"。

《闽北古陶录——崇明古陶瓷博物馆藏品集萃》编辑认真,印制华美,学术品质优异。有些器物的著录,如几件商代三联杯(第 514 页至第 517 页)、腹部顶端对称粘结兽面卷云纹泥塑的敛口圆腹罐(第 568 页至第 569 页)、上腹部粘结卷云纹耳顶部有兽形捉手的盖瓿(第 572 页至第 573 页)、上腹部对称粘结兽面铺首状耳的瓿(第 576 页至第 577 页)等,都可以为陶器生产史、工艺美术史研究者提供很好的学术标本。一件战国至汉代的双口罐,编者指出:"双口罐无疑是中国人所熟悉的一种陶器,一直沿用至今。目前已知的此类陶罐,最早出现在江西地区的商代墓葬中,可见其沿用的历史至少接近 3000 年。"(第 580页至第 581 页)所提示的是今人俗称泡菜坛的器物,具备隔绝空气、封阻微生物入侵的口部形制设计。相关信息对于陶器工艺史以及饮食生活史研究,都是比较重要的。

原载于《中国文物报》2018 年 4 月 3 日第 7 版

青铜器研究新人新作

陕西师范大学张懋镕教授主编的"中国古代青铜器整
理与研究丛书"第 1 辑近期由线装书局出版。张懋镕教授
师从李学勤先生，研究青铜器累年勤谨，论著丰夥，已是
卓然大家。所主编这套丛书，可以看作长期坚持一线科研
一线教学的特殊收获。这是因为，"中国古代青铜器整理
与研究丛书"第 1 辑三部专著的作者皆出自其门下。所推
出的这三种青铜器研究新作，都是在他们通过答辩的硕士
学位论文的基础上经反复修订充实而后定稿的。张懋镕教
授"编写缘起"写道："从 1999 年招收青铜器方向研究生
起，就逐渐形成了一个构想：如果研究生本人自己没有更
好的研究题目，我就请他（她）来作青铜器中的某一部分，
整理、研究某一类青铜器，或某一类纹饰，或某一类铭文，
等等。经过十多年的积累，已经完成了二十多篇硕士和博
士学位论文。其中分器类的整理与研究完成多半，某一地

区、某一时段的铜器的整理与研究正在进行，纹饰与铭文的分类研究也做了一部分。这些为本丛书的编撰奠定了基础。"按照这样的"构想"继续下去，可以预见一个有影响的学术团队的宏大气势即将形成。

列入第1辑的三部专著：张翀《商周时期青铜豆整理与研究》，张婷、刘斌《商周时期青铜盘整理与研究》、任雪莉《宝鸡戴家湾商周铜器群的整理与研究》。

青铜器的重要文化品质和社会功用是标志等级。以往学者和一般爱好者首先瞩目其中等级最高的鼎、簋等主器。张翀、张婷、刘斌等青年研究者则选择青铜豆和青铜盘这样的器种作为研究对象，以争取突破，力求创新。据作者自述："此从'小器'入手，乃是先行廓清，以期能够引玉，期待鼎、簋等大宗器种的整理与研究。"这种或称之为"有以小见大之功"的研究，是充分体现出实证精神和科学态度的，较某些大而无当的空疏之作，自然应当得到肯定和支持。以"小器"为研究对象，却可能作为成就"大器"——展示大才具、实现大作为的基础。任雪莉的论著以宝鸡戴家湾商周铜器群为考察对象，让我们想起张懋镕的硕士学位论文是《周原出土西周有铭青铜器综合研究》。前述几种论著的学术主题和研究方式，都体现出作者的良好学风和指导教师的匠心。

张懋镕教授的学生应多数直接参与了他主编的《青铜器论文索引（1983—2001）》（明石馆，2005年）、《青铜器论文索引（2002—2006）》（线装书局，2009 年）的编撰。这三部专著的作者亦应因此多所收益。这一工作可以看作学术基本功的训练。从"中国古代青铜器整理与研究丛书"第 1 辑这三种论著看，作者对相关资料的汇集搜求用功甚勤。可以说基本做到了搜罗必尽，涸泽而渔。我们看到，除所研究青铜器相关简报、简讯和论文外，对于器物的尺寸、重量、出土时间地点、纹饰、铭文，同出铜器等均详细说明。特别值得肯定的是，作者对同出陶器资料也予以收集，亦注意探求铜器与陶器的关系。这应当看作考古学大视野、广角度、多方位的关注，这也可能成为器物器型研究今后可以开辟出新境的崭新门路。又如在对青铜豆和青铜盘的研究中，据笔者了解，作者在撰写过程中，对每一件铜豆铜盘的图像都尽量收集，避免了以往类型学研究只是注意标准器物，而忽略了其他一般性器物的不足；在编辑之中，也尽可能多地以图版陈示器物图像。虽限于印刷等条件，不可能件件彩版，或是将所有器物图像全数印出，这种研究方式较之以往有些论著只重文字不重图像的方法，确有很大改观。作者的工作方式给予我们的提示是重要的，即对器物图像收集的重视，应当不次于尺寸、重量、纹饰、铭文等信息的采集。

对于青铜器器种的专门研究，以往的工作投入是不够的。我们看到的论点往往多夹杂在综论通论之中，或零叶散论未作综合处理，或在考古学类型分析主题之下，难以细致入微。以"中国古代青铜器整理与研究丛书"第1辑形式面世的论著，超越了清季金石学对单一器物著录题跋的方式，又能够应用考古学方法对青铜器进行更具体的细读。张懋镕教授曾经提出对青铜器进行"综合研究"的理念，即"从青铜器、古文字、历史文献三方面来研究"。我们看到，他的学生在学术进步的路程中遵循这一准则和方法，取得了值得推崇的收获。其实，在研究过程中，亦势必涉及更宽层面的社会历史文化问题，主编与各书作者都处理得很好。例如任雪莉对宝鸡戴家湾商周铜器群的整理与研究，有关于铜器著录、传藏等问题的讨论，也多少涉及了近代盗墓史。

这三种论著尽管均出自青年作者之手，有些表述方式还可以斟酌，但立论多有可信的基础。就分型分期，区域文化，器类比较乃至器种起源等具体问题而言，作者均有独立思考，自成一家之说。编著者力求通过具体器件的考察而认识当时的社会，理解当时的文化，也推进了学术的进步。这也是笔者作为历史学者，虽不专治青铜器之学，也乐于郑重推荐的原因之一。

还应当指出，张懋镕教授为这三部论著所作三篇"代序"《试论中国古代青铜容器器形演变与功能转化的互动关系》《简论仿陶铜器与非仿陶铜器》《戴家湾铜器的历史地位》，其实都是分量极重的专题论文。不在重要学术期刊发表，而附于学生的著作中，导师有意为这三种书增加学术光亮的用心让人感动。这是师生之情的纪念，也是张懋镕教授特殊的学术安排。希望读者不要误作一般只说说客气话的程式型序言，而忽略了其中的学术深意。

原题《青铜器研究新人新作——推介"中国古代青铜器整理与研究丛书"第 1 辑》，载于《中国文物报》2013年 11 月 15 日第 4 版

对诸子之学的一项重要贡献：《鹖冠子汇校集注》

　　《鹖冠子》一书虽早经《汉书》卷三〇《艺文志》著录，然而长期被看作伪书，一直少有学者进行认真的专门研究。长沙马王堆 3 号汉墓帛书《黄帝书》出土后，由于其中内容与文句多有与《鹖冠子》相同者，于是凌襄（李学勤）、唐兰、龙晦、张岱年等学者开始重新认识《鹖冠子》的真伪问题。有学者提出《鹖冠子》是先秦古书，而且是黄老一派思想家的经典著作之一。国内外《鹖冠子》研究的论著相继发表，实现了诸子之学的新进步。但是，大家都认识到，为了进一步推进研究工作，需要有一部好的《鹖冠子》校注本。

　　现在，这一任务已经由黄怀信教授圆满地完成了。

　　黄怀信撰《鹖冠子汇校集注》2004 年 10 月由中华书局出版，于是思想史学界的相关研究具有了新的学术基础。

校注《鹖冠子》面临相当多的困难。按照李学勤先生的说法，包括"缺少善本"，"没有佳注"，"书中存在许多楚人方言词语"，"尽管主旨仍属道家，却吸收了不少阴阳数术的因素，于是更为晦涩费解"等等。（第2至第3页）不过，黄怀信教授以文献学研究和古籍整理方面的雄厚基础和丰富经验，在工作中从容胜任，终于完成了一种学术质量比较高的校注本。

《鹖冠子汇校集注》的完成，是以慎重缜密的研究为基础的。关于《鹖冠子》的作者，黄怀信教授经过认真考察，判定为"一名出生于楚，游学并定居于赵，喜以当地所产鹖鸟羽毛为冠饰，并以之为号，曾做过庞煖老师的已佚名的隐士"。（第3页）《汉书·艺文志》著录："《鹖冠子》一篇。"《隋书·经籍志》著录："《鹖冠子》三卷。"韩愈《读鹖冠子》说："《鹖冠子》十有六篇。"又《崇文总目》："《鹖冠子》三卷，今书十五篇。"今本《鹖冠子》分三卷，十九篇。对于相互的差异，黄怀信教授就自己的判断进行了说明。他认为，《汉志》"篇""卷"互用，"《汉志》仅一篇，尚不能证明今本非《汉志》之旧"。（第4页）这些意见，都提出了根据，值得研究者重视。《鹖冠子》的成书年代，曾经有学者推定"于公元前236年—前221年间"（孙福喜：《〈鹖冠子〉研究》，陕西人民出版社，2002年，第188页至第194页），黄怀信教授则以为其最终撰作年代"当在公元前236至前228年之间"。（第8页）时段的缩减，则向年代的精确判定又前进了一步。

《鹖冠子》书中的确多有"晦涩费解"之处。比如，其中第三篇《夜行》，从篇名到内容多有神秘色彩。《管子·兵法》说用兵应"九章著明"，其中"一曰举日章则昼行，二曰举月章则夜行"。"夜行"的意义或许已经可与兵阴阳学相联系。《管子·形势》又说："召远者使无为焉，亲近者言无事焉，唯夜行者独有也。"又《形势解》："民利之则来，害之则去；民之从利也，如水之走下，于四方无择也。故欲来民者，先起其利，虽不召而民自至；设其所恶，虽召之而民不来也，故曰：'召远者使无为焉。'莅民如父母，则民亲爱之。道之纯厚，遇之有实。虽不言曰吾亲民，而民亲矣。莅民如仇雠，则民疏之；道之不厚，遇之无实，诈伪并起，虽言曰吾亲民，民不亲也；故曰：'亲近者言无事焉。'明主之使远者来而近者亲也，为之在心，所谓夜行者，心行也，能心行德，则天下莫能与之争矣；故曰：'唯夜行者独有之乎！'"《淮南子》借取其意，又有申发，如《览冥训》："至阴飀飀，至阳赫赫，两者交接成和，而万物生焉。众雄而无雌，又何化之所能造乎！所谓不言之辩，不道之道也。故召远者使无为焉，亲近者使无事焉，惟夜行者为能有之。故却走马以粪，而车轨不接于远方之外，是谓坐驰陆沈，昼冥宵明，以冬铄胶，以夏造冰。"关于其中所谓"夜行"，高诱注："夜行，喻阴行也。阴行神化，故能有天下也。一说：言入道者，如夜行幽冥之中，为能有召远亲近之道也。"

对于《淮南子》"夜行"的理解，于省吾《双剑誃诸子新证》以为应当读作"舍行"。其说未能提供确证，又与《管子》"所谓夜行者，心行也"之说不合。已经有学者指出"于说大谬"。（何宁：《淮南子集释》，中华书局，1998年，上册，第458页）徐时栋《烟雨楼读书记》的解说则涉及《鹖冠子》："盖高氏亦不达'夜行'之语，故存两说。按：'夜行'两字甚奇，而于上文义不贯通。所注别说，固是妄语。即高自注亦复难通。盖'夜行'者，古论道书名也。《鹖冠子》有《夜行》篇，盖阐发是书之义，即以名篇。篇末曰：'故圣人贵夜行。'又其《武灵王》篇曰：'昔夏广而汤狭，殷大而周小，越弱而吴强，此所谓不战而胜，善之善者也。此《阴经》之法，夜行之道，天地之类也。'其云不战而胜，与《淮南子》说'无为无事'绝相类，而同称'夜行'。其称'夜行'，与《阴经》相类并举，是'夜行'之为古论道书无疑也。陆佃注《鹖冠子》云：'《阴经》，黄帝之书也。''夜行'无注，亦不知'夜行'为古书名耳。愚读《鹖冠子》亦未敢定其为书名，至读《淮南子》始决。"不过，以"夜行"为古论道书书名，看来依然论证不足。如以"其称'夜行'，与《阴经》相类并举"为证，则同样"相类并举"之"天地"亦当为书名。《淮南子·缪称训》也说到"夜行"："夫察所夜行，周公惭乎景，故君子慎其独也。"这里的"夜行"，显然不宜理解为书名。又有学者指出，《文子·精诚》："夫召远者使无为焉，亲近者言无事焉，唯夜行者能有之。"其说"本于淮南也"。（刘文典：《淮南鸿烈集解》，中华书局，1989年，第198页）

现在大概只能说，"夜行"在这里可能是被作为一种政治哲学、历史哲学、人生哲学命题的象征符号来使用的。深入揭示其文化内涵，可能还需要做进一步的工作。而应当提请人们注意的，是当时思想家们笔下之"夜行"一语，或许体现了作为具体的社会行为的"夜行"，在当时哲人的意识中，可能是一种既普遍又受到种种限制，既司空见惯，又具有若干神秘主义意味的交通形式。正如 W. 爱伯哈德在《中国文化象征词典》中所指出的，象征"或多或少表现了现实存在的事物"，尽管"它总是间接地表现"。（陈建宪译，湖南文艺出版社，1990年，第3页）

黄怀信教授在对于《鹖冠子·夜行》的解说中写道："夜行，谓在冥冥之中摸索，以见'鬼见'（人所不见）……此取篇末'故圣人贵夜行'之二字名篇，主要讲阴阳之妙用及其窈冥无状。圣人贵探其冥（如夜行），故曰贵夜行。"（第24页）这样的理解，虽然未必可以成为定论而为人们普遍接受，但能够自成一说，为我们进一步的思考提供启示。

《鹖冠子汇校集注》的一个醒目特征，是书后附有

《通检》。这在国内同类学术著作中，是不多见的。借用这一形式，读者可以对《鹖冠子》本文进行单字检索，理解和研究自然十分方便。《通检》虽然占了全书47%左右的篇幅，然而从为研究者提供便利的考虑出发，这样的处理是合理的。我们希望今后出版家和著作者能够借鉴这一方式，遵循方便读者的思路，使学者在面对研究对象的同时，也得到了研究工具。"附通检"的做法如果能够推广普及，相信一定会得到学界的欢迎。

《鹖冠子汇校集注》一书的学术贡献是明显的，正如李学勤先生在《序言》中所说，"这是对诸子之学的一项重要贡献"。（第1页）对于《鹖冠子》的认识，现在还限于初步，"在未来的研究中，还会有很多奥秘揭示出来"。然而，"无论如何，黄怀信教授的工作将起着重要的推动作用"。（第3页）

原题《对诸子之学的一项重要贡献——介绍黄怀信撰〈鹖冠子汇校集注〉》，载于《书品》2005年第6辑，中华书局，2005年

面向世界的中国考古学：读《王仲殊文集》

由社会科学文献出版社推出，新近面世的《王仲殊文集》共4卷：第Ⅰ卷，考古学通论及中国考古学的若干课题；第Ⅱ卷，中日两国古代铜镜及都城形制的比较研究；第Ⅲ卷，古代中国与日本等东亚诸国的关系；第Ⅳ卷，中国古代遗址、墓葬的调查发掘。全书收录王仲殊先生70余篇学术论文及田野考古调查发掘报告，内容厚重，其中许多涉及汉唐考古和中日考古比较研究的成果，已经被学界视作经典。

王仲殊先生的治学特点，和一些前辈考古学者类似，即以对于中国古代文献的熟悉和理解，作为推进考古学的重要条件。自王国维提出"二重证据"之说，中国古史研究者逐渐重视文物考古资料的运用。而考古学的进步，其实也需要在发掘地下文物的同时，注重发掘传世古籍中的重要文化信息。王仲殊先生早年有丰厚的文献学知识的积累，又有浙江大学和北京大学专攻中国古代史的学术背景，正是以此为基础，结合承夏鼐先生指导的田野考古调查发掘实践，形成了突出的学术优势。例如，发表于20世纪50年代的《沂南石刻画像中的七盘舞》《略说杯盘舞及其时代》等论文，都较早提供了图像文物与文献记载完美结合的研究范式。《汉长安城宣平门的发掘》作为发掘简报，也充分利用了诸多文献所见汉长安城史料。王仲殊先生曾经说："考古学研究要充分结合文献记载，在历史时代考古学的研究上尤其如此。中国古代文献浩如烟海，自当按个人的专业需求，择要阅读。要紧的是必须懂得文献史、目录学等，以便在繁多的古籍中寻求确切相关的记载，加以考核。在引用文献记载时，务必实事求是，力求准确，不可断章取义，切忌牵强附会。"《王仲殊文集》收录的许多论著，可以为后学者提供路径的引导和实践的榜样。

历史学门类现在已经分为中国历史、世界历史和考古学三个一级学科。这样的划分固然有许多好处，但是如果简单地绝对地相互分断，彼此割裂，显然又不利于学术的发展。我们注意到，《王仲殊文集》的学术价值，可以说对于中国历史、世界历史和考古学三个专业的学人均可以提供指导和启示作用。特别值得一提的，是王仲殊先生对于中日两国古代铜镜比较研究、中日两国都城和宫殿形制比较研究，以及古代中国与日本等东亚诸国关系研究等学术方向的收获。在王仲殊先生的学术功业中，这些论著既体现了中国历史研究与考古学研究的结合，也对于世界史研究有重要的推进。比照"滇王之印"与"汉委奴国王印"，论定日本志贺岛出土的"汉委奴国王印"为真品，是确定可信的中日文化交流史的实证。对于日本出土的三角缘神兽镜，经认真考论，判断为东渡的中国工匠在日本铸作，而并非中国魏朝皇帝所赐，亦非乐浪郡产品。这些研究成果，以及关于日本古代都城宫内大极殿龙尾道与唐长安城大明宫含元殿龙尾道形制的考察，关于唐长安城圜丘对日本交野圜丘的影响的说明等，也都既提出了考古学的新识，同时也澄清了中国史和世界史的若干重要疑难问题。

王仲殊先生考古学研究的学术视野，除中国古代文明遗迹外，及于日本列岛、琉球群岛、朝鲜半岛，甚至远至苏联、阿尔巴尼亚，以及秘鲁、墨西哥等地。王仲殊先生还曾经发表日文、英文考古学论著。他的许多论文，在日本的学术刊物和文集中刊载。王仲殊先生和他的学术同事们的相关工作，使得中国考古学得以面向世界。王仲殊先生曾经谈到中国"考古学大国"的地位。他说："毋庸置疑，中国是考古学大国。世界上许多国家的学者都在研究中国考古学，这当然是好事。中国学者在研究本国考古学的同时，也应适当地研究外国考古学，其中包含中外交流考古学。这样，我们的国家更能称得上是真正的考古学大国。"收入《王仲殊文集》的一篇访谈录题名《中国考

A Collection of
Wang Zhongshu's Works

王仲殊文集

王仲殊 著

IV

社会科学文献出版社
SOCIAL SCIENCES ACADEMIC PRESS (CHINA)

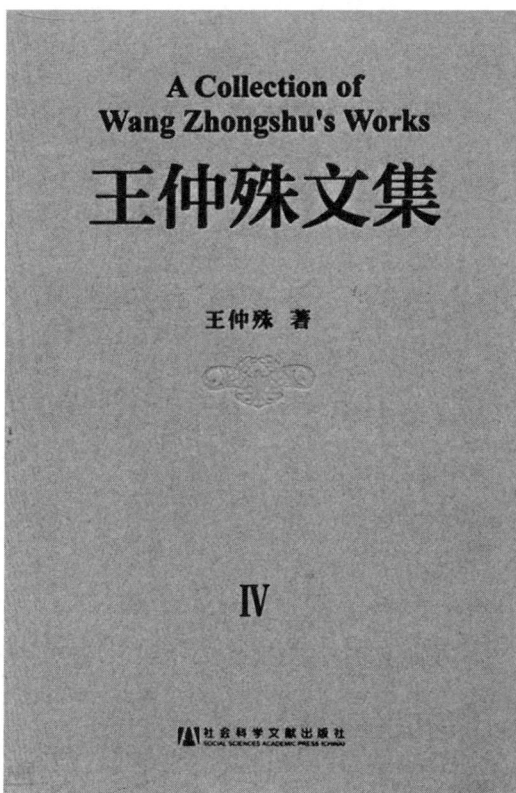

《王仲殊文集》书影

古学研究应与世界考古学接轨》，其中又明确提出了"汉唐考古学国际影响深远"的理念。他还在另一次访谈中提出，"年青一代的考古学者应该有'兼通世界学术'的抱负"。现今一些中青年考古学家的工作计划中已经列入外国考古学的任务，首先是丝绸之路沿途以及中国文化曾经辐射影响的周边地区的考古工作。王仲殊先生的研究方式，可以看作能够指引这些工作取得进步的有益的向导。

　　社会科学文献出版社出版《王仲殊文集》，堪称一大功德事。所附王巍先生撰《王仲殊先生传略》总结详尽，陈说明晰，可以看作中国考古学学术史论的一件珍品。项目统筹徐思彦、责任编辑宋超虽然并不十分熟悉考古学，却以高度的责任心实现了精良编排，值得学界同仁感谢。令读者稍感遗憾的是，所附图版印制质量未尽人意，其主要原因当然在于原图的质量。而这种欠缺，也许通过电脑修版技术可以有所改善。

原载于《光明日报》2014 年 8 月 25 日第 15 版

汉唐艺术的闳放气象

汉唐时期是中国古代最富有进取精神的历史阶段，其文化创获和文化积累也最为突出。汉唐艺术在中国艺术史上也有特别显著的地位。

汉画至今仍有相当数量的遗存。传世以及大量因考古发掘所获得的汉代画像石、画像砖、壁画、帛画、漆画、板画以及陶器彩绘等等，大都表现出大气的美、刚性的美和朴实的美。汉画往往笔法简洁，然而画面充实，内容厚重，造意深远，风格也以生动活跃见长。车马队列气势浩荡，田猎场面动感强烈，历史人物表情逼真，宴饮乐舞百戏的描绘，也成功营造出欢腾热烈的氛围。王逸《鲁灵光殿赋》称颂宫殿壁画"朴略""睢盱""焕炳可观"，说明其画面除"千变万化"、斑斓华美之外，又能够以质朴明朗的风格感染观赏者。中国艺术精神最可贵的品质之一，是对自然的专意摹求。霍去病墓前石雕特别注重借意于石材的原状，而尽量少用人工刀凿，正体现了这一原则。而工艺成就中仿天然生物的造型所取得的艺术成功，也体现出自然主义的魅力。

鲁迅对于汉代画像，有"美妙无伦"的赞辞。他曾经多年用心收辑汉代艺术遗存。其汉画收藏，其实也是他的文化贡献之一。北京鲁迅博物馆和上海鲁迅纪念馆编《鲁迅藏汉画象》两册已经由上海美术出版社于1986年和1991年出版，为艺术史学者和鲁迅研究者所珍视。

许多唐墓壁画有公认的绝高艺术水准。画面人物除了体态丰满，即所谓"秾丽丰肥，有富贵气"，形成了鲜明的时代风格而外，其神情的安详平静，也透露出画师的艺术自信。在佛教大兴的背景下，唐代数以万计的寺院中，稍具规模者都有壁画。长安、洛阳两京大寺曾经有阎立本、尉迟乙僧、吴道子、王维等大师的手笔。据说吴道子在两京寺观画壁达300多堵。现代仅存的唐代寺观壁画，是山西五台佛光寺的《天王镇妖图》和《西方佛会图》。画面形象真切传神，笔法平淡天真，气格清秀有生意。唐代石窟壁画遗存则比较丰富，保存比较完整。敦煌莫高窟至今保留完好的唐代壁画洞窟多达247处，占莫高窟总数的一半。有人说唐代是莫高窟的黄金时代，是有道理的。莫高窟壁画中的唐代作品受到西域文化因素的影响，同时，其画风也影响了西域美术。传世唐代绘画珍品为历代所宝爱，不仅仅是因为其年代久远，更主要是由于其风格的优异。朱景元《唐代名画录》所分凡神、妙、能、逸四品，"神妙能逸"四字，也可以看作对唐画的综合评价。米芾《画史》论唐画，以为正是由于"有趣不俗""有生意"，方得以"精彩动人""神彩惊人"，于是称为"一代盛美""世间为千年之传"。元人《画鉴》评价吴道子画，称其"笔法超妙，为百代画圣"，而"行笔磊落"是其风格；王维则"笔意清润"，"盖其胸次潇洒，意之所至，落笔便与庸史不同"；曹霸作品，也得到"笔墨沉着，神采生动"的赞美，《画鉴》引赵孟𫖯说，称其"命意近古"，"自有一种气象，非世俗所能知也"。对于唐画的"气象"，《画鉴》又有"笔力劲健""生意勃然""有田家原野气象"的说法。

所谓"田家原野气象"，大约所表彰的，一是自然，二是闳放。鲁迅对于汉唐艺术，曾经有"闳放""豁达""毫不拘忌""魄力究竟雄大"的赞誉。读鲁迅的话，再来细心欣赏汉唐美术，可以体会到"闳放"之说不仅是对汉唐艺术风格的赞美，更是对汉唐文化精神的肯定。当时人"毫不拘忌"地"取材异域"，正体现出虚心求采四方精华的胸襟以及"自由驱使，绝不介怀"积极创新的意向。鲁迅赞赏铜镜海马葡萄纹样以及石刻鸵鸟形象等，深意正在于此。对于唐人阎立本绘《西域图》，赵孟𫖯有"真神品也"的赞叹，《画鉴》也称其"为唐画第一"。除了"发采生动""一一备尽其妙"这种艺术手法的高妙而外，我们以为特别值得称赞的，还有主题开阔即"闳放"的特色。类似作品，还有王维的名画《异域图》。父子皆擅丹青之妙，其用笔妙处可与阎立本为之上下，时称"大小尉迟"的著名画家尉迟跋质那、尉迟乙僧父子，本身就是于阗国人，一说吐火罗人。据明人《画史会要》卷一说，其画法"洒落有气概"。《唐朝名画录》也记载，尉迟乙僧"凡画功德人物花鸟皆是外国之物像，非中华之威仪"。应是将西域画风直接引至中土。而中国画坛列其为"神品"，也体现了唐代文化的"闳放"气度。唐三彩也是唐代艺术的珍品。在汉代就被称作西方"奇畜"的骆驼，成为唐三彩造型的基本取材对象。形象生动的或牵驼或骑驼的"深目高鼻"的西来商人和乐手们，将茫茫大漠上朔风裹挟的驼铃声一路响亮地传到了中原。

杜甫《观公孙大娘弟子舞剑器行序》曾经写道，张旭多次观赏公孙大娘舞西河剑器，"自此草书长进，豪荡感激"。"豪荡感激"四字，可以作为汉唐艺术精神的写照。鲁迅所谓"汉人石刻，气魄深沉雄大，唐人线画，流动如生"，也大致概括了汉唐时期艺术风格的基本特征。他还说，"在唐，可取佛画的灿烂，线画的空实和明快"。回顾艺术史的历程，可以看到多种风格相继接替、"各领风骚"的局面。也许文化演进的示波器的屏幕上确实能够显现出历代或高或下的曲折轨迹，而人们公认的中国文化繁荣高峰，正是在汉唐时期形成的。当时"闳放"的风格得以

"毫不拘忌"地张扬，不仅完善了艺术的创造，又为呈示"雄大""灿烂""生意勃然"的时代特色与文化面貌，创造了必要的条件。

原载于《学习时报》2003 年 8 月 11 日

一部手绘的草原交通史料

草原对于交通的开发和拓展有非常重要的意义。英国历史学家汤因比曾经通过世界史视角的考察，在《历史研究》中发表了有关草原交通条件的论说。他指出，"草原像'未经耕种的海洋'一样，它虽然不能为定居的人类提供居住条件，但是比开垦了的土地为旅行和运输提供更大的方便"。汤因比是在"海洋和草原是传播语言的工具"题下发表如此意见的。他认为："海洋和草原的这种相似之处可以从它们作为传播语言的工具的职能来说明。大家都知道航海的人们很容易把他们的语言传播到他们所居住的海洋周围的四岸上去，古代的希腊航海家们曾经一度把希腊语变成地中海全部沿岸地区的流行语言；马来亚的勇敢的航海家们把他们的马来语传播到西至马达加斯加东至菲律宾的广大地方；在太平洋上，从斐济群岛到复活节岛、从新西兰到夏威夷，几乎到处都使用一样的波利尼西亚语言，虽然自从波利尼西亚人的独木舟在隔离这些岛屿的广大洋面上定期航行的时候到现在已经过去许多世代了。此外，由于'英国人统治了海洋'，在近年来英语也就变成世界流行的语言了。"汤因比说，"在草原的周围，也有散布着同样语言的现象"，"由于草原上游牧民族的传布，在今天还有四种这样的语言：柏柏尔语、阿拉伯语、土耳其语和印欧语"。这几种语言的分布，都与"草原上游牧民族的传布"有密切关系。回顾中国古代对外交往的历史，确实可以发现草原通路和海洋通路的共同作用。汉代各民族共同成就了史称"丝绸之路"的东西交通线的正式开通，丝绸贸易的路线经过草原地区。草原民族曾经承当丝绸由中原向西北输送的主导力量，反方向则有毛织品流向黄河中下游地区。西域诸族以及匈奴、乌孙等草原民族对于丝路贸易，表现出积极的态度。他们的消费需求、盈利愿望以及商业经验都是丝路繁荣的推动因素。

草原民族交通行为表现出的超强的机动能力，决定了他们在交通史上的突出地位。可惜草原道路难以长久保留历史遗存。《史记》卷一一一《卫将军骠骑列传》说，丝绸之路的"凿空"者张骞因为"知善水草处"，曾经为卫青的远征部队"导军"："张骞从大将军，以尝使大夏，留匈奴中久，导军，知善水草处，军得以无饥渴，因前使绝国功，封骞博望侯。"决定草原交通线路的"善水草处"，也会发生生态条件的变迁，因而我们对古来草原道路的具体走向难以知晓。我们曾经通过对草原地名的研究，试图复原上古时代草原民族交通实践的情景。如川西草原、青海草原及河西草原发现的"鲜水"地名，即可能体现了古代羌人的交通遗迹（王子今、高大伦：《说"鲜水"：康巴草原民族交通考古札记》，《中华文化论坛》2006 年 4 期）。值得注意的是，一些有关草原交通的重要历史文化信息还可以以具体的文物形式保存下来。我们知道，天水放马滩秦墓出土木板地图记录了林区开发资源以及陆路和水路的交通史信息，包括交通路径、交通里程、交通管理设置如"关"等。马王堆汉墓出土帛书地图也明确标示交通道路，居延汉简也有道路里程资料。可是，张骞"导军"的草原交通经验则未见记录留存。

后世一些重要的草原交通史料幸而得以保留于某种特殊的文化载体，经有识见的学者发现、整理、研究，成为学界可以利用的文献资料。乌云毕力格等编著《蒙古游牧图：日本天理图书馆所藏手绘蒙古游牧图及研究》（北京大学出版社，2014 年），就成就了这样的文化精品。所谓"蒙古游牧图"，大致制作于清代和民国时期，分别记录了草原各个地方诸多历史自然地理和历史人文地理资料，其中不乏现今不能不珍视的文化信息。乌云毕力格等学者从事的工作极有意义，他们整理和考察了日本天理图书馆收藏的 45 幅手绘"蒙古游牧图"，进行了认真的满语和蒙古语的文献校勘，以深厚的民族史、历史地理学和历史文献

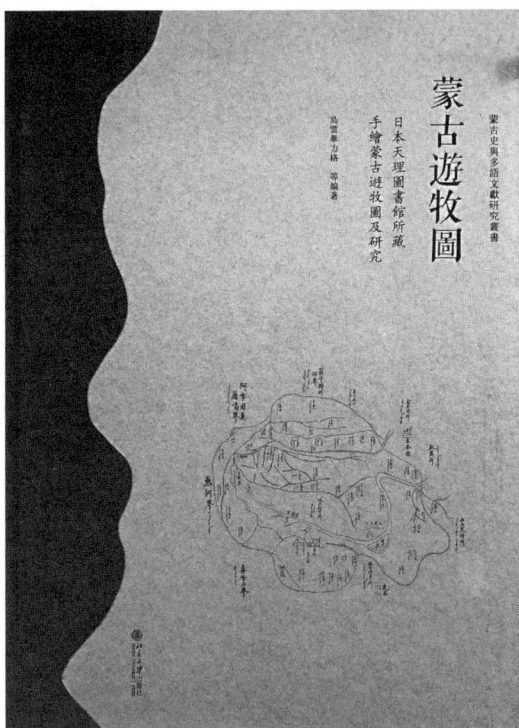

《蒙古游牧图》书影

学素养为基础，对应古今，精心探索，发表了有重要价值的新学术认识。这些手绘"蒙古游牧图""给我们留下了内外蒙古地方数以千计的蒙古语地名原始资料"，"记载了大量的寺庙和矿产、企业等文化与经济信息"（乌云毕力格：《日本天理图书馆所藏手绘蒙古游牧图及其价值》）。这些资料经认真的考察得以发掘，为新的学术收获提供了条件，其中涉及生态环境史的信息也非常珍贵。而有关草原交通的资料尤其应当引起交通史研究者重视。

《蒙古游牧图》载录光绪十六年（1890）喀尔喀车臣汗部扎萨克多罗郡王多尔济帕拉木就造送本旗游牧图及册子事给该部盟长的一份报告，其中写道，"草原游牧图"绘制的组织者和执行者所接受的指令，是"详查本旗游牧地大小地名、江河支流与河套、各方向之里数及边境之地，造地图与册子"，限期"报送"。这份报告还记录了若干具体要求："将其间各地，以三百六十庹为一里地，以三十六庹为一忽必，不到一忽必之地，以尺为量，将该旗全部游牧地之横竖长度、山之高矮、常年流水及断流河之源头、流域、支流、河套、广阔草原、戈壁之形状、通道、路牌、敕赐名号之大寺庙、本旗公署等分别记载其名，将游牧地全境以每二寸方格为五十里计算，又将游牧地之南、西、北、东四方及边界四周之方向，与历书输二十四方向相配合而绘一图、书一册子，按照原命令，派专人携带，并令其使用驿站，奉送贵盟长处。"（乌云毕力格：《日本天理图书馆所藏手绘蒙古游牧图及其价值》）形成交通行程差异的空间距离，不同地貌导致的交通条件的差异，以及具体交通条件的"通道"，作为交通标识的"路牌"等等，都是"草原游牧图"绘制必须"记载"的要素。

据乌云毕力格对这批材料的分类，45 幅"蒙古游牧图"分为四部分，第一部分即《内外扎萨克蒙古交通图》，所收《内蒙古中部和喀尔喀左翼交通图》描绘了"从察哈尔特别区域到外蒙古的三条通道，通道沿线的各地画得非常密集而清楚"。列为第二幅的《卓索图盟喀喇沁中旗图》，可以明确看到"黑砂口""关郊""喀拉抄道""大辇子""横道子""东来店"等显然与交通史信息有密切关系的地名。而地名"新地仓"，无疑涉及物资储运。标示"公之住址""王之住趾（址）"的地点，当然应当具有便于行政管理的交通条件。而原标题为《卓索图盟喀喇沁旗图》者，有"额布台""乌龙台乌里雅苏台""乌里雅苏台岭""松树台""松树台口""狭台河"等出现"台"字的地名。"乌里雅苏台"《清史稿》凡 360 见，可知其重要。而"乌里雅苏台将军""乌里雅苏台参赞大臣"衔号，亦显示这一地方的政治地位。《清史稿》卷七八《地理志二五》"外蒙古"条注："许俄人在乌里雅苏台通商，俟商务兴旺，再设领事。"亦说明其交通地位的重要。而"台"，既是军事设施，也是交通设施。《清史稿》卷一三七《兵志八》："其军台之制，始于顺治四年，自张家口迤西，黄河逦东，设台三百四十四座，台军七百三十二名。……其内蒙古通驿要口凡五道，曰喜峰口、古北口、独石口、张家口、杀虎口，以达于各旗。内蒙路近，商旅通行，水草无艰。其外蒙古之驿，则由阿尔泰军台以达于边境各卡伦。康熙朝征准噶尔时，设定边左副将军，而外蒙古军台之设，由内而外，其制始密。自察哈尔而北，而西北，而又西，迄乌里雅苏台，共置四十八台。"这里说到"驿"和"台"的关系。而原标题为《卓索图盟喀喇沁旗图》则是著录了"驿"的，如"黑色谷驿站"。又以特殊图标显示了"旧察罕城驲站"。"驲站"就是"驿站"。又《昭乌达盟阿鲁科尔沁旗图》标示"喜峰口驿传驻守三音哈克蒙古第八台"。《中文目录》为 292.2.3595 者原无标题，整理者题《中华民国察哈尔省北部公文传递路线图》，该图中自"张北"向西北方的"二台"至"廿二台"序列完整，分别标写各"台"相距里程。以"台"列名，应是清代以来邮驿秩序的遗存。据乌云毕力格介绍，科威特茨收藏的一幅 1805 年的蒙古地图，描绘的主题就包括"道路、驿站、边疆鄂博"。由此可知对草原交通信息的重视，是同类古地图文物绘制的传统。《卓索图盟喀喇沁左旗图》以墨线绘出"官营子行走路途"，又以四个带有箭头的红色线段显示"行走"方向。这当然也是交通史研究者应当珍视的史料。

《蒙古游牧图》重视对"鄂博"的标示。"鄂博"即

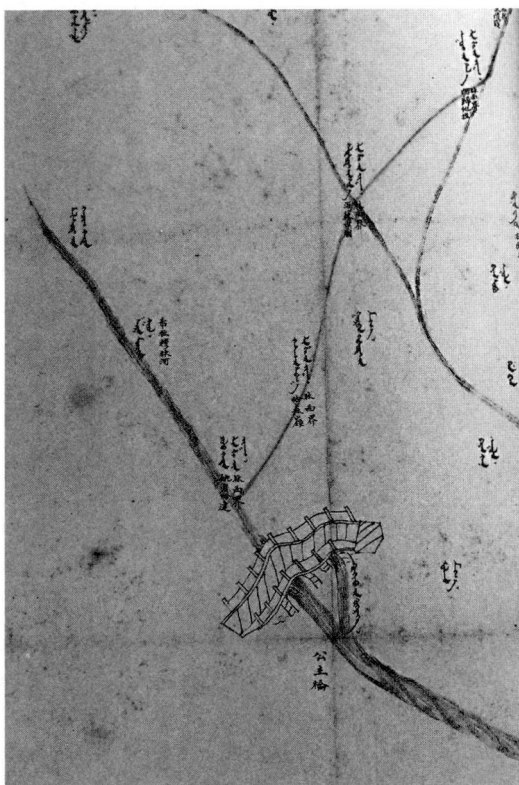

昭乌达盟巴林左右二旗图"公主桥"

"敖包",有交通标志的意义。清人姚兴滇《塞外竹枝词》:
"鄂博遥看知远近,如飞一骑马蹄忙。"自注:"夷人每出
必骑,骑必驰骋。垒小石于山巅,为之鄂博,以志远近。"
(《竹叶亭杂记》卷六)《昭乌达盟巴林左右二旗图》多处

标示某某"山"、某某"砂碛",应即山地和沙漠的显示。又有一处标记"大板",应当即"大坂"或"达坂"。"大坂"或"达坂"可能是与交通有关的地貌。类似的说法在汉文史籍中早已出现,《续汉书·郡国志五》可见"大坂",曹植《赠白马王彪》"修坂"以及更早的《史记》卷一〇一《爰盎晁错列传》"峻阪"或许义近。

《卓索图盟土默特右旗图》"鄂木伦河"上的"南大桥",《卓索图盟喀喇沁左旗图》"石桥",《昭乌达盟巴林左右二旗图》"希拉穆林河"(或题"希拉江")上的"公主桥",后者为《中文目录》292.2.3391/4中的一幅,有描画桥的细致图形。除了保留交通史重要信息外,也可以为桥梁建筑史研究提供历史资料。

乌云毕力格等编著《蒙古游牧图:日本天理图书馆所藏手绘蒙古游牧图及研究》中,类似的与交通相关的史料还有多种形式的表现。相信经过进一步的认真分析和科学考察,可以增益我们对中华文明进程中历时长久且意义深远的草原交通史的认识。对于《蒙古游牧图》草原交通史料价值的肯定,或可成为学界朋友们的共识。

原题《一部手绘的草原交通史——〈蒙古游牧图〉评介》,载于《光明日报》2017年8月29日第16版

古旧塔影，清新风铃：读徐进主编《陕西古塔全编》

宋人张伯玉《虎丘》诗写道："东客从来过虎丘，橘花渡口维扁舟。阖闾宫殿不可见，但对古塔寒飕飕。忆昔夫差全胜日，水犀十万横吴钩。楚山既掘荆人冢，越岭仍将句践囚。岂谓西施能破国，谁知麋鹿上台游。唯有吴王在时月，夜深闲照剑池头。"（《宋诗纪事》卷二〇据《吴郡志》）言古迹保留了悠远的历史记忆，其中也说到了"古塔"。不过，塔随佛教文化传入中土，虽然在汉代文物中可以看到最早的遗存，却不曾见证"夫差""勾践"的古事。但人们仰望塔顶，还是会联想到它矗立千百年，在日光云色之外，也曾俯瞰王朝更换，世事变迁的。如宋人董师谦《钱塘怀古》诗写道："行人指新寺，云此旧宫城。坐殿几朝帝，开山何处僧。日边行塔影，天外送钟声。王气元无了，何消凿秣陵。"（《宋诗纪事》卷七六据《翰墨大全》）与其中"日边行塔影"相类的意境，清人曹尔堪

《陕西古塔全编》书影

《念奴娇·冬日虎丘遣兴》可见"塔影斜阳"（《十五家词》卷九《南溪词下》），明人莫璠《蝶恋花·雷峰夕照》作"古塔斜阳"（《历代诗余》卷四〇）。

陕西曾经孕育旧石器时代至新石器时代领先于其他地方的早期文化，又承载十三朝文明重心，人们都知道这里地下文物遗存之异常丰富。其实三秦河山，地上文物数量也是相当可观的。就"塔"而言，全省现存地面不可移动古塔总计389处517座。徐进主编《陕西古塔全编》（西北大学出版社，2019年）全数收录了这些古塔遗存的综合信息，全方位保留了有关建筑史、民俗史和精神生活史的宝贵资料。

虽然古塔可以说是明确的佛教文化遗存，但是早在佛教传入之前，西汉长安都市的规划与营造，阙、台、楼、观等显著提升高度，趋向立体发展的宫廷建筑已经受到重视（王子今：《西汉长安都城建设的立体化倾向》，《长安大学学报》2015年4期），反映了对"壮丽""重威"的追求，也体现出了新的建筑艺术和建筑美学理念。《史记》卷三〇《平准书》说："作柏梁台，高数十丈。宫室之修，由此日丽。"班固《西都赋》"神明郁其特起，遂偃蹇而上跻；轶云雨于太半，虹霓回带于棼楣"，张衡《西京赋》"表峣阙于阊阖"，"圜阙竦以造天"，"干去雾而上达，状亭亭以苕苕"，也有明确而具体的形容。这种建筑风格，为"塔"的兴起准备了技术基础。

《陕西古塔全编》对于所著录的古塔，就其宗教属性、建筑形制、构筑材料及文化象征等分别进行了记述与分析。特别是有关"锥形塔"即"造型为方锥、圆锥体的各类砖、石、土塔"的叙说，指出了这种建筑"与中国乡土文化和民间信仰密不可分"的关系，学术新意鲜明，表现出立足学术前沿，力求创新的追求。历代画像砖表现"塔"的画面，作者也予以必要的关注，专门有所研究论说，认真分析了这种文物遗存的文化意义。对于"善业泥塔"的著录和说明，也值得赞赏。全书注意古塔遗存地理环境的意义，并予以充分的人文关照。辅助性的外延知识拓展如世界建筑史和相关信仰史对应信息的介绍等，也是值得历史学界和考古学界肯定的。

　　说到古塔，回想起在西北大学历史系 77 级考古专业读书时于洛阳永宁寺塔遗址考察学习时的情形。在暑月烈日下勘察古远夯土基础的情景，同行的徐进一定也还记得。这是北魏孝明帝熙平元年（516）建于皇家寺院永宁寺的高塔，《魏书》卷一三《皇后传·宣武灵皇后胡氏》记载，胡太后"幸永宁寺，亲建刹于九级之基，僧尼士女赴者数万人"。《魏书》卷六七《崔光列传》说，"灵太后幸永宁寺，躬登九级佛图"。永宁寺塔"基架博敞，为天下第一"（《魏书》卷一一四《释老志》）。据杨衒之《洛阳伽蓝记》记载，永宁寺塔高百丈，"去京师百里，已遥见之"。塔上"角角皆悬金铎"，其声远传，"高风永夜，宝铎和鸣，铿锵之声，闻及十余里"。这座或称"去地一千尺"的高塔，在北魏孝武帝永熙三年（534）二月被焚毁，存在时间可能不足 18 年。古塔见证历史，本身也经历了千百年历史风雨的洗蚀，而人为的破坏，特别是近代以来的破坏，尤其令人痛心。《陕西古塔全编》出自文物学者对古来文化创造的热爱，称之为"古今塔殇"，指出"塔在特定历史背景下的安危存亡一直是宗教史、古建筑史和文物保护史的重要议题"。《陕西古塔全编》分为上下两编。上编介绍陕西地上现存的不可移动古塔，下编于著录"佛教供奉塔、造像塔、壁塑塔和画像砖塔"之外，专门设一章"近百年消失的陕西古塔"，记述近一个世纪因各种原因消失的陕西古塔，这

《陕西古塔全编》主编，诗人、

考古学家徐进

一立意非常可贵。《陕西古塔全编》因此成为具有非常价值的文物史、文物保护史的专题著述，也可以给全社会文物保护意识的觉醒，提供积极的有重要意义的警示。

《陕西古塔全编》"引言"写道："上编冠名'穹顶之下'和下编冠名'寂灭与呈现'也出于相同的考虑，旨在彼此呼应，给予同一个天空、同一片土地上的行者以广阔的思想空间和广袤的丈量域界。"这里似可读到考古文物论著中不多见的诗意。《陕西古塔全编》主编徐进是文物学者，曾经为张在明主编《中国文物地图集·陕西分册》（西安地图出版社，1998年）的面世做过突出贡献。同时他也是颇具社会文化影响的诗人。徐进曾出版多部诗集，诗作多次获奖。读此所谓"同一个天空、同一片土地"诸语，我起初将这篇书评题名为《斜阳古塔，天地诗行》。而"斜阳古塔"意味，又使我们想到由著名诗人成为杰出考古学家的陈梦家的诗作《铁马的歌》中的名句："我是古庙／一个小风铃，太阳向我笑，锈上了金。"前句又有："没有忧愁，也没有欢欣；我总是古旧，总是清新。""有时低吟／清素的梵音，有时我呼应，鬼的精灵。""我赞扬春，地土上的青，也祝福秋深，绿的凋零。"诗句中的"春""秋"感叹，体现出浓烈鲜明的历史感。而"古旧""清新"的对应，可以发人深思。虽然陈梦家笔下的"古庙""风铃"很可能悬于殿廊，并不高在塔檐。在这里借用，只是以为适合于表扬《陕西古塔全编》实证精神与浓郁诗情的结合。

《陕西古塔全编》在十分辛苦的文物普查的资料基础上完成，我们祝贺这一成功。也感谢西北大学出版社的精心设计印制。同时还希望徐进能够继续这一方向的工作，再完成一部《陕西古桥全编》。应该承认，作为一名愿意用心继续努力进行中国古代交通史研究的学者，这种期盼，可以说是稍稍怀有一点点私心的。

原题《古旧塔影，清新风铃——读〈陕西古塔全编〉》，载于《文博》2020年第2期

从中国到朝鲜的"忠义"宣传

　　阎征教授承韩国大邱庆北大学史学系尹在硕教授介绍，自南权熙先生处得朝鲜李朝铜活字印本《忠义直言》（出刊年代应在明初永乐年间），列入"域外汉籍珍本文库"，2013 年 2 月由西南师范大学出版社和人民出版社出版。

　　《忠义直言》上中下三卷，录 99 则"忠义"故事，分列"文臣"36 则，"武臣"30 则，宗室 2 则，外戚 4 则，妇女 7 则，宦官 4 则，军士 6 则，民人 2 则，小儿 4 则，畜兽 4 则。其中缺 5 则，实存 94 则。研究者得陈高华教授提示，注意到这部书的内容与《永乐大典》中残本《忠传》的关系，也是有意义的发现。

　　承整理者提示，朝鲜刊印的《忠义直言》，"为王公大臣学习汉语及崇高其道德的双料教材"，其文化意义除有益于印刷史、文献史及语言史研究外，也可以帮助我们理解当时政治道德和社会道德教育的形式和内容。

随着秦统一后帝制政治格局的一步步完善，"忠"作为政治道德规范主体逐渐定型。而为秦帝国进行政治设计的《吕氏春秋》一书全书160篇，有2篇篇名出现"忠"字，即《仲冬纪》下的《至忠》篇和《忠廉》篇。这在先秦政治理论著作中是绝无仅有的。从"忠"字的运用频率看，全书共出现68次，也是先秦著作中比较多的。而高诱序文说："此书所尚，以'道德'为标的……以'忠义'为品式。"大约"忠义"理念的社会普及在东汉时期得以实现。《后汉书·桓典传》载汉献帝时三公奏言对桓典"忠义炳著"的肯定，《后汉书·臧洪传》可见对"诛忠义"的谴责，《隶释》卷四《司隶校尉杨孟文石门颂》"言必忠义"赞语，以及《后汉书·陆康传》"忠义将军"、《魏书·陈留王奂纪》"忠义都尉"、《三国志·吴书·是仪传》"忠义校尉"等名号的使用，也说明这一事实。《册府元龟·总录部·忠义》的小序写道："夫'忠'者，臣下之高行；'义'者，制事以合宜。谓其益也，徇死而无二；语其大也，灭亲而不顾。""忠义"的"义"，在某种意义上似乎容易得到较宽阔社会层面的普遍认可。"忠义"成为普世性道德，似乎恰好正在元明时代，通过俗文学形式有较充分的表现。如元代杂剧有《忠义士豫让吞炭》，明清传奇有《忠义堂》《忠义烈》等。在民间影响较大的小说中，宣扬"忠义"精神最为有力的，应首推《忠义水浒传》。这也正是《忠义直言》传播至于朝鲜的时代。《水浒传》第七十一回《忠义堂石碣受天文 梁山泊英雄排座次》写道，宋江等"奏闻天帝"，"拜求报应"，于是天降石碣，"正面两侧，各有天书文字"。经辨验可知："此石都是义士大名镌在上面。侧首一边是'替天行道'四字，一边是'忠义双全'四字。"所谓"忠义双全"，体现"忠"与"义"的道德构成是有所区别又可以相互结合的。清代嘉庆道光年间，各地天地会成员在结拜时，都以"忠义"作为誓言的主要内容："有忠有义桥下过，无忠无义剑下亡。"（福建）"忠心义气剑前过，不忠不义刀下亡。"（广东）"有忠有义桌下过，不忠不义刀下亡。"（广西）"有忠有义刀下过，无忠无义刀下亡。"（湖南）嘉庆年间的天地会花帖称："自古称'忠义'兼全，未有过于关圣帝君者也。溯其桃园结义以来，兄弟不啻同胞，患难相顾，疾病相扶，芳名耿耿，至今不弃，似等仰尊帝忠义，窃劳名聚会。"（郭莹：《帮会意识初论》，《社会学研究》1993 年 2 期）似乎这里所说的"忠义"，已经是以"义"为主，如宋江等向往"忠义双全"，然而自称"义士"。而此说"忠义"所谓"忠"的实际内涵，也已经与通常的理解有所不同。然而《忠义直言》的主导意识却可能并不重视作为民间社会关系准则，较多体现平等倾向的"义"。所录故事有"张良忠义""周瑜忠义"，我们看到，所强调的依然是"忠"。

《忠义直言》"文臣""武臣"故事凡66则，正好占总数的三分之二。或许编制和印制的目的，确实是为"王公大臣"或者至少是上层人士"学习"所用。但这也并不是绝对的。其中"妇女""军士""民人""小儿"等专门设目，应当自有深意。即使是作为"为王公大臣学习汉语及崇高其道德的双料教材"，又何尝不可能为"王公大臣"教育属下所利用呢？如"民人"目下"田卑守义"故事："田卑是晋国中牟县的民。那时晋大夫赵氏的家臣佛（音弼）肸（许密切）在中牟反了。他放着一个大鼎镬，在庭前和那中牟的人说：'肯与我同心的便与他官做，若不肯的便煮杀了。'众人都依着他，只有田卑说道：'守节义的人，便死也不躲避。不合义的事，虽富贵也不受。若是做人无了仁义，活在世上受富贵，不如死了。'说罢便自家要入鼎镬里去。佛肸荒忙止住了。以后赵氏收捕了佛肸，着人寻田卑，要赏他。田卑辞不肯受。"书上眉批"请入鼎镬里"，并加有着重点。可知这部书的使用者是重视田卑的表现的。这是一个"民"或说"民人"的表现。

田卑故事的原本见于《新序·义勇》："佛肸以中牟叛，置鼎于庭，致士大夫曰：'与我者受邑，不吾与者烹。'大夫皆从之。至于田卑，田卑，中牟之邑人也。曰：'义死不避斧钺之罪，义穷不受轩冕之服。无义而生，不仁而富，不如烹。'褰衣将就鼎，佛肸脱屦而生之。赵氏闻其叛也，攻而取之；闻田卑不肯与也，求而赏之。田卑曰：

'不可也，一人举而万夫俛首，智者不为也。赏一人以惭万夫，义者不取也。我受赏，使中牟之士，怀耻不义。'辞赏徙处曰：'以行临人，不道，吾去矣。'遂南之楚。"两相比较，可以看到《忠义直言》书写者的用心。古来政治道德和社会道德的宣传普及就是以《忠义直言》这样的简明和平易近人的形式，今天主持道德教育的人们，也许可以从中找到借鉴之处。

类似"请入鼎镬里"这样的眉批，全书可见多处，人们能够由此体会这本书的使用者阅读之认真。全书各处圈点甚多，有些是可以帮助我们理解书主人的心态。《忠义直言》卷上终结处与卷中的开篇之间有空白页，页面书写了杜牧的《长安秋望》诗："楼倚霜树外，镜天无一毫。南山与秋色，气势两相高。"书法笔意透露出读此书者的汉学修养和文化气质。卷中后没有空白。卷下最后的空白页则字迹纷乱，深浅不一，相互叠压，可惜少有可辨识的字。看来书写者以此作为习字的纸面。也许高明的笔迹鉴定专家可以释读书写内容，借以发现新的文化信息。

原题《从中国到朝鲜的"忠义"文化》，载于《藏书报》2014 年 12 月 15 日第 12 版"新典藏"

盗墓：文化史观察与道德史拷问

　　盗墓，作为中国历史上延续久远的一种特殊社会文化现象，发生的原因值得关注。对历代墓葬破坏现象的动机进行心理分析，大致有如下三种情形：1. 物利；2. 冤仇；3. 象征。物利，就是对随葬品直接劫夺以求生求富的行为；冤仇，即出于仇恨对墓主或者其家族施行政治惩罚，有时采取极端的复仇形式，战争中类似情形又有心理征服的意义；象征，即出于神秘主义意识对墓主"气""势"及"风水"环境的破坏。但是盗墓行为最基本的动因，无疑是物利追求。中国古代盗墓现象，与宗法意识以及"孝"的理念所导致的厚葬风习有密切关系。

　　回顾历代盗墓行为，可以看到许多情节特别的故事。古墓的盗洞，有时可以透露出前代文明之光。而盗墓者的行为更多地造成了古代文化遗存的破坏，也是我们需要特别注意的。

　　《吕氏春秋·节丧》说，战国时期对于盗墓行为，执政者即"以严威重罪禁之"。《淮南子·氾论》记载，汉代立法："发墓者诛。"历代法律都严禁盗墓。而社会舆论对盗墓予以严厉谴责。盗墓恶报的传说，也体现社会公众传统意识对盗墓的否定。

历代盗墓，有实力派军阀组织的大规模盗掘。在项羽率领反秦联军破坏秦始皇陵园之后，董卓、曹操、温韬、刘豫以及"东陵大盗"孙殿英等军阀对帝王陵墓进行了公开盗掘。农民暴动发生，也致使帝王陵墓遭受破坏，赤眉军发掘西汉帝陵，李自成焚毁凤阳明祖陵，都是典型例证。民间普遍的盗掘，虽然往往是个体或小规模团伙行为，然而历时长久，参与者众，对历史遗存的破坏也许更为严重。

从技术演进的角度来看，盗墓和反盗墓的千年角逐，成为中国丧葬史多彩的风景。唐人李商隐《杂纂》卷上说到"恶行户"，其中第二种就是"世代劫墓"。可知职业盗墓者的行为和技术，往往世代前后相承。《醒世恒言》第十四卷《闹樊楼多情周胜仙》记述朱真盗墓故事，也可以看到子继父业的传承关系。古来有些盗墓者，有颇为神奇的技术。《清稗类钞·盗贼类》有"焦四以盗墓致富"条，其中说到"广州剧盗"焦四盗墓的方式，据说"有听雨、听风、听雷、观草色、泥痕等术，百不一失"。

现在考古工作者勘探地下土层与埋藏物时常用的一种工具，是通常称为"洛阳铲"的探铲。"洛阳铲"铲头刃

陕西西安凤栖原西汉大墓东壁早期方形盗洞

（陕西省考古研究院丁岩研究员提供）

部呈月牙形，剖面作半筒状，打下后提起，可以带上泥土，执铲者可据以判断地下土质及其他现象。"洛阳铲"原本是旧时洛阳盗墓者所创制使用，因以得名。盗墓者利用这种制作简单、携带方便、可以探知极深地层的工具，于是能够经济便捷地发现墓葬所在，甚至能大略了解随葬器物的埋藏情况。"洛阳铲"的应用，是历代盗墓技术遗存中的积极内容得到借鉴的实例。与使用"洛阳铲"直接有关的，是察看地下土质以判定墓葬所在的技术。借鉴这种技术以区别生土、扰乱土（五花土）、夯土，现在已经成为考古发掘和考古调查的基本功。

职业盗墓者的有些经验在现代考古发掘中得到利用的情形，又如在长沙被称为"土夫子"的盗墓者，后来在科学考古工作中参与清理发掘古墓，作出了值得肯定的贡献。观察样土判断古墓的深浅和年代，是"土夫子"的特长之一。这一技术在考古实践中的应用，为发掘工作带来了方便。由于随葬铜器氧化，周围的土质发生变化，"土夫子"们将这种现象称为"铜路"。他们能够依据"铜路"准确地判定铜器所在位置，以便完整地进行清理。铜器氧化程度不同，质地有明显的差异，"土夫子"们对这一情形的熟悉，也有效地避免了铜器的损伤，保全了许多珍贵文物。

鲁迅说，"古来的冢墓，却大抵被发掘者居多……"（《花边文学·清明时节》）而现今盗墓现象的猖獗，是史无前例的。中国古代大规模的盗墓行为往往发生在乱世。而今天有人称之为"盛世"，可是盗墓参与的普遍，盗墓手段的新异，盗墓方式的恶劣，盗墓破坏之惨重，均超过历史上任何时期。盗墓行为盛起的原因是比较复杂的。传统礼制对墓葬的保护作用已经消失，对盗墓的舆论否定声音比较微弱，盗墓会遭遇恶报的意识成为"迷信"，对死者应当予以尊重、对文物应当予以爱护的传统意识也几乎都被破除。因多种条件的影响，盗墓不能得到法律的有力制裁。以追逐暴利的超强动力为根本原因，以上这些因素的合力，导致了盗墓现象的空前猖獗。

特别值得警惕的，也许是民俗现象中对盗墓行为的热切关心，导致了有关盗墓的一些文化产品的热销。人们对盗墓行为似乎多无恶感，甚至可能出于猎奇心理，有某种倾心、迷恋、向往的倾向。以盗墓者的角色体验罪恶，以诡异的盗掘方式，通过幽暗的盗洞追求刺激。这是很不正常的文化现象。有些青少年对游戏空间中盗墓实践的想象，其实是以不健康的方式接触非真实的历史。

我们在认识国学的价值，继承中国传统文化的积极成分的同时，应当对盗墓这种历来为中国社会所普遍厌弃和抵制的行为有清醒的认识。

有人会问这样的问题：盗墓与考古是怎样的关系？盗墓与考古有什么区别？首先应当明确，考古是科学工作，是学术探索，而盗墓是出于私利破坏古代遗存的犯罪行为。

当然，盗墓有时也会促成重要的文化发现。晋武帝时，"汲郡人不准掘魏襄王冢，得竹简小篆古字十余万言，藏于秘府"（《晋书》卷三《武帝纪》）。汲冢遗书的出土，是中国文化史上的一次重大发现。其中《周书》《穆天子传》《竹书纪年》都是非常重要的古代文献。盗墓获得的文物，当然会受到考古学者的关注。卫聚贤《中国考古学史》附录一为《各地发现古物志》（商务印书馆，1937

年），摘录报章所载文物发现事，其中明确为古墓盗掘者就有多例。不过，我们也不会忽视盗掘行为导致文化遗产严重破坏的情形。比如汲冢发现，"初发冢者烧策照取宝物，及官收之，多烬简断札，文既残缺，不复诠次"（《晋书》卷五一《束皙传》）。直到今天，令考古学者、文物学者、历史学者瞩目的上海博物馆藏战国楚简、清华大学藏战国楚简、岳麓书院藏秦简、北京大学藏秦简与西汉简等，都是因盗掘出土、曾经流散于文物市场的重要文物。研究者珍视这些简牍中记录的重要历史文化资料的同时，也为原先埋藏地点诸多考古现象的破坏与珍贵文物的遗失而深切痛心。

其实，"考古"作为古人的文化理念，在文献中出现，要比现代考古学技术在中国的应用要早得多。考古，是很早就已经出现的语汇。北魏学者郦道元在《水经注》卷一一《滱水》中已经有"考古知今"这样的话。唐代学者玄奘的《大唐西域记》卷七《婆罗痆斯国》也有"阅图考古"语。韩愈《省试学生代斋郎议》中，也可以看到"考之于古""稽之于今"的说法。宋人陈亮《书林勋本政书后》又提出"考古验今"的学术主张。此后，又多有学者以"考古"作为学术旗帜。在《四库全书》中，以"考古"为题的著作，就可见著录有宋人程大昌撰《考古编》十卷，吕大临撰《考古图》十卷、《续考古图》五卷，叶大庆撰《考古质疑》六卷；明人赵㧑谦撰《考古文集》二卷，况叔祺编《考古辞宗》二十卷；清人王文清撰《考古略》八卷、王文清编《考古原始》六卷，柴绍炳撰《考古类编》十二卷等许多种。北宋以来，"考古"成为许多学者热心研究的学问，这种"考古"，有时被称为金石学，即以古代"吉金"（青铜彝器）及石刻作为研究对象的学问。当时吕大临撰《考古图》，是中国现存年代最早而又较有系统的古器物图录，历来被看作北宋金石学的代表性著作。北宋以来的金石学，是近世考古学的先声。

说到这里，我们可以讲一个关于吕大临家族墓园被盗掘的故事。就是这位撰著《考古图》的吕大临，因为他的位于陕西蓝田的家族墓园被盗墓者侵害，陕西省考古研究院的考古学者进行了抢救性的发掘。由于获得了精彩的发现，被列为 2009 年中国社会科学院考古学论坛公布的年度中国六大新发现之一，2010 年又入选中国十大考古发现。吕氏家族墓地中有 3 座墓葬主室上部纵向叠置 1—2 个空墓穴，比如有的学者推定为吕大临墓的 M2，由竖井及上、中、下三层纵向墓室组成。上层墓室和中层墓室都是空穴。这种虚空的墓穴，是用于迷惑盗墓者的特殊防盗掘设计。可以推知，研究过许多出自盗墓的青铜器标本的北宋"考古"学者吕大临，对于盗墓行为却是深怀厌恶的。他和他的家族甚至在墓葬设计方案中也体现了对盗墓的高度警惕。正如发掘报告所指出的，"墓地中使用空穴结构的墓葬共 3 座，全部集中于吕大临兄弟的墓葬排列线上。

这说明该辈分家族成员具有较强的防范意识，而且墓葬深度也超过墓地中其他墓葬"（陕西省考古研究院：《陕西蓝田五里头北宋吕氏家族墓地》，《考古》2010 年 8 期）。吕大临应当对当时盗墓行为的一般方式和基本规律有一些了解，于是才精心设计了如此巧妙的墓室结构。以虚墓或者疑冢防止盗掘的方式由来已久，我们知道广州南越王墓是少见的未经盗掘的西汉诸侯王等级的陵墓。据说南越王赵佗安葬时，"辒车四出，棺椁无定处"（朱国桢《涌幢小品》卷六"古墓"）。三国时地方军阀吴岱试图盗掘赵佗的陵墓，"费损无获"（《太平御览》卷五五七引王隐《晋书》）。石勒的母亲王氏去世，也曾经秘密安葬，又以"虚葬"方式伪饰，"潜窆山谷，莫详其所"（《晋书》卷一〇四《石勒载记上》）。曹操"七十二疑冢"，更是流布非常广泛的传说。

还要说明，陕西蓝田具有"虚墓"结构的吕氏家族墓地被盗掘，犯罪人竟然是本来应当承担保护自己先祖墓葬的吕氏后代。2006 年 1 月，西安市公安局成功侦破一起文物盗窃走私案，收缴包括西周青铜器在内的 129 件文物。盗墓犯罪嫌疑人交待了被盗宋墓所处位置，正是文物部门了解的吕大临家族墓园。尽管蓝田县文物局派人日夜看护这处墓地，在 8 个月中仍连续发生 3 起盗掘案。为确保文物安全，陕西省文物局制定的抢救性发掘计划得到国家文物局批准。参与破坏这处墓地的盗掘者，有一个叫吕富平的人，其实正是吕氏家族的后代。透过吕富平盗掘家族先祖墓葬的行为，可以知晓现代盗墓者为追逐物利全无顾忌的心理状态。这一情形告诉我们，宗法规范和宗族观念在民众革命中被彻底扫荡，也是盗墓现象难以制止的原因之一。

盗墓对考古工作的干扰与破坏，不仅表现在使墓葬中大量文物遭到洗劫，还在于无知的盗墓者往往只根据市场价值尺度进行选择，毁弃了大量不为文物商人看重、却具有极重要的科学价值和文化价值的文物。

此外，墓葬对于考古工作的意义，并不只是在于墓中的随葬品，墓葬形制、葬式等看来并不直接具有市场价值的遗迹现象，其实都包涵非常重要的历史文化信息，而野蛮的盗掘，往往使这些现象遭到不可挽救的破坏。

一些古代墓葬未遭盗掘，原有文化内涵基本保留，终于为考古学者揭示，大大丰富了我们对古代历史文化的认识。马王堆汉墓、满城汉墓等等，都是如此而成为我们民族文化的光荣。2016 年初在首都博物馆展出的殷墟 5 号墓出土文物，也因未经盗掘，使我们看到了灿烂的殷商文明的景观。同时在首都博物馆陈列的西汉海昏侯墓出土文物，也使人们耳目一新。海昏侯墓虽然发掘工作尚未完成，已经出土的珍贵文物品级之高已经令人们震惊。据报道，2011 年 3 月 23 日，当地群众发现盗墓者对海昏侯墓施行盗掘。得到及时的报告之后，江西省文物考古研究所的专业人员迅即赶到现场，由口部长约 1.2 米、宽约 0.6

陕西西安神禾塬大墓早期方形盗洞

（陕西省考古研究院丁岩研究员提供）

米、深达 13.5 米左右的盗洞进入棺椁被局部破坏的位置，判定了墓葬形制，及时进行了保护，启动了考古工作。可以设想，如果没有具备文物保护意识的大塘坪乡观西村村民的举报，没有富有事业心和责任意识的考古工作者的努力，海昏侯墓的珍贵文物很可能会被破坏，失去诸多历史文化信息，仅仅作为财富符号流散于市场。而海昏侯墓园相关现象的考古学研究也会因重要资料的缺失受到限制。我们庆幸海昏侯墓在盗墓破坏的严重威胁面前得到了及时的保护，也为此深心感谢大塘坪乡观西村的村民为文物保护作出的重大贡献。

原载于《华夏地理》2016 年 7 月号

第四辑　读史蠡酌

称谓史与社会史

　　可能和古来强调"正名"的文化传统有关，称谓的意义长期受到重视。称谓是社会身份的符号，同时也是标志着社会等级、体现着社会关系、维护着社会结构的基本秩序的一种文化存在。正如梁章钜《〈称谓录〉序》所说，称谓"各有等差，不相假借"。考察称谓史，无疑有益于我们真切地认识古代社会史。

　　《史通·称谓》写道："古往今来，名目各异。区分壤隔，称谓不同。"社会称谓随时代演进有所变化。因区域文化的不同，同一历史时期，各地称谓或亦有差异。人们日常使用的称谓，其实既有传统的影响，也有时代的印记，有些还暗含某种文化象征意义。民族构成的不同，也形成称谓的区别。讨论不同历史时期，不同社会条件下称谓的变化，是社会史和文化史研究的重要任务。

　　20 世纪以来的中国社会史研究，有的学者是从称谓切入，得到了有关阶级结构的新认识的。如对"君子""小人"以及"民"和"国人"等称谓的学术分析，都促成了阶级关系史的新知的获得。就秦汉称谓而言，对"黔首""奴婢""隶臣妾"等问题，也多有学者以为涉及秦汉社会结构、秦汉社会性质而予以关注。不同的学术解说，应当各有价值。而最终确定之论的形成，也许还有待于今后研究的继续深入。秦汉时期作为中国古代历史中的一个特殊阶段，即所谓"秦汉间为天地一大变局"（赵翼：《廿二史札记》卷二"汉初布衣将相之局"）。由于经历了社会变动、政体新创、文化交汇和民族融合，社会文化面貌发生了显著的变化。社会称谓因此多有新生和复变。在秦汉历史进程中，政情军事，变幻纷杂，多有"改易名号，随事称谓"（《后汉书》卷三〇下《郎颉传》）情形。而由于区域出身、族群传统和思想渊源差异显现的文化基因的不同，也造成了社会称谓"品目参差，称谓非一"（《宋书》卷九三《隐逸传》）现象辨识与理解的困难。当时的社会结构、社会组织和社会风貌都出现了历史性的重大变化，对于后来社会历史的进程也有重要的影响。研究秦汉时期的社会称谓，对于深入认识当时的社会状况、进而全面理解当时的历史文化，有不宜忽视的意义。我承担的国家社科基金课题"秦汉社会称谓研究"，即试图通过各种称谓指代者的职业身份、阶级关系、民族立场、社会地位、文化角色的考察，探索秦汉社会历史文化诸问题。课题最终成果《秦汉称谓研究》列入"国家哲学社会科学成果文库"，2014年4月由中国社会科学出版社出版，又入选国家社科基金"中华学术外译项目"，愿意接受学界的质量检验。

秦汉时期的称谓，有些虽然看似简单，要提出真确的解说，却也需要认真考论。从《秦汉称谓研究》的篇目看，直接讨论的秦汉称谓170种左右，然而对于秦汉社会通行的多种称谓而言，其实可以说百不及一。还有许多与秦汉社会称谓相关的问题有待探讨。例如与秦末历史动荡密切相关的"闾左"称谓、河西汉简屡次出现的"墨将"称谓，都是至今未得明确解说的历史疑点。就国家最高执政者而言，所谓"朕""陛下"等说法的原始意义的探寻，也还需要有所讨论。指代社会底层身份的称谓如"苍头""亡人命者"等，也应当进行更为确切的说明。也许覆盖面较为宽广的解说秦汉称谓的工具书的面世也是必要的。作者希望这部著作成为秦汉称谓研究和中国古代称谓史研究的引玉之砖，亦深心期待青年学者参与并推进这一工作。当然自己也会继续探求和思索，为充实和修订以往成果、为深化和拓展相关研究贡献心力。

原题《称谓考察与历史解读》，载于《光明日报》2014年12月1日第11版

中国古代的路权问题

　　中国古代在专制体制得到强化的年代，社会权利的分享形式会发生畸变。拥有行政权的社会等级往往享有各种特权。以交通形式而言，帝王贵族高官通常在路权使用方面据有绝对的优势地位。这种优势往往使得社会下层民众的交通权利受到侵害。

　　在秦始皇实现统一的第二年，也就是秦始皇二十七年（前220），有"治驰道"的重大行政举措。这一行政内容载入《史记》卷六《秦始皇本纪》，可知这一工程是由最高执政集团策划施行。驰道的修筑，可以说是秦汉交通建设事业中具有最突出时代特色的成就。通过秦始皇和秦二世的出巡路线，可知驰道当时已经结成了全国陆路交通网的基本要络。《史记》卷八七《李斯列传》记载，曾经作为秦中央政权主要决策者之一的左丞相李斯被赵高关押，在狱中向秦二世上书自陈，历数功绩有七项，其中第六项就是"治驰道，兴游观，以见主之得意"。可见这一交通建设工程是由丞相这样的高级官僚主持规划施工的，而秦的交通道路网的重要作用，是在炫耀皇帝的"得意"。刘邦见到秦始皇出行，感叹道："嗟乎，大丈夫当如此也！"（《史记》卷八《高祖本纪》）项羽也看见南巡的秦始皇，说："彼可取而代也。"（《史记》卷七《项羽本纪》）刘项看到秦始皇出巡车队时的观感，都真切体现出秦始皇出行时的"得意"。

从史籍记载可知，秦汉驰道制度有不允许随意穿行的严格规定。汉成帝为太子时，元帝急召，他以太子身份，仍"不敢绝驰道"，绕行至直城门，"得绝乃度"。此后元帝"乃著令，令太子得绝驰道云"（《汉书》卷一〇《成帝纪》）。驰道不能随处横度，大约设置有专门的平交道口或者立交道口，以使行人"得绝"而度。有的学者以驰道分布之广，推断关东地区不致有如此严格的禁令。

秦汉驰道制度的另一条严格规定，是非经特许，不得"行驰道中"。秦汉驰道是有分行线的高速道路，中央三丈为皇帝专有。《汉书》卷七二《鲍宣传》记述了汉哀帝时任长安附近地区行政治安总管的司隶校尉鲍宣直接维护驰道行车制度的故事："丞相孔光四时行园陵，官属以令行驰道中，宣出逢之，使吏钩止丞相掾史，没入其车马，摧辱宰相。"颜师古注引如淳的说法："令诸使有制得行驰道中者，行旁道，无得行中央三丈也。"（《汉书》卷七二

《鲍宣传》）汉武帝尊奉其乳母，"乳母所言，未尝不听"，于是"有诏得令乳母乘车行驰道中"（《史记》卷一二六《滑稽列传·褚先生补述》）。未有诏令而"行驰道中"，当然应当受到严厉的处罚。除了丞相孔光属下的掾史"行驰道中"被司隶鲍宣拘止，车马均被没收之外，翟方进为丞相司直，也曾经因为"行驰道中"受到劾奏，"没入车马"（《汉书》卷八四《翟方进传》）。汉武帝时禁令最为严格，《汉书》卷四五《江充传》记载，馆陶长公主"行驰道中"，直指绣衣使者江充拦截斥问，公主辩解说，"有太后诏"，江充则强调，即使有太后诏准，也只有公主一人得行，随行车骑是不允许的。于是"尽劾没入官"。江充又曾逢太子家使乘车马"行驰道中"，也加以扣押。太子刘据请求从宽处理，被江充严词拒绝。江充因此得到汉武帝欣赏，一时"大见信用，威震京师"。

帝王出行时，又有占有道路，强制性禁止平民通行的制度。《史记》卷一〇二《张释之冯唐列传》讲述了这样的一个故事：汉文帝出行，途经中渭桥，有行人突然冲犯其车马。汉文帝要求严厉惩处，而主持司法的廷尉张释之则主张严格按照刑法治以罚金之罪。司马迁记述的原文是："释之治问，曰：'县人来，闻跸匿桥下。久之，以为行已过，即出，见乘舆车骑，即走耳。'廷尉奏当一人犯跸，当罚金。"据冲犯御车者的供词，他是长安县人，正在行路时"闻跸"，即听到道路戒严的命令，于是藏匿在桥下，等了许久时候，以为皇帝车队已经经过，刚刚走出，竟然恰好遭遇皇帝乘车，所以慌忙奔跑。张释之判定属于"一人犯跸"，按照法律规定，应当"罚金"。汉文帝大怒，以为惩罚过轻。张释之则坚持说，"法者，天子所与天下公共也"，现在法律条文规定如此，而处罚却要依据陛下个人的情感倾向无端加重，则必然会使法律在民众心目中的确定性和严肃性受到损害。"方其时，上使立诛之则已"，如果当时您下令就地处决也就算了，而今交由廷尉处置，自然应当秉公办事。事后，汉文帝承认张释之的意见是正确的。这一中国法制史上的著名故事，说明了"法者，天子所与天下公共也"意识的早期形成，也告知我们，西汉"跸"的制度以及"犯跸"处罚规定推行的情形。

"跸"可能是在先秦时期已经生成的交通制度。《周礼·夏官司马·隶仆》："掌跸宫中之事。"郑司农解释说："跸"，是说"止行者清道"，好比现在的"儆跸"。郑康成说："宫中有事则跸。"《周礼·天官冢宰·宫正》："凡邦之事跸。"郑司农注："凡邦之事跸，国有事，王当出，则宫正主禁绝行者，若今时卫士填街跸也。""跸"的本义是"止行者"，也就是禁止一般人通行。"儆跸"即"警跸"，也就是在君王出行时，于所经路途侍卫警戒，清道止行，实行交通道路戒严，用禁止他人通行的方式保证最高政治权力拥有者出入的安全与畅通。

"警跸"不仅仅限于交通优先权的问题，实际上体现出专制帝王对公共交通条件的强力霸占。

帝王出行时，"警跸"常常是由武装人员执行的。《汉官旧仪》卷上所谓"卫官填街，骑士塞路"，说明了"警跸"的形式。《续汉书·百官志四》："（执金吾）本有式道、左右中候三人，六百石，车驾出，掌在前清道。""警跸"往往采取暴力手段。《周礼·秋官司寇·条狼氏》："执鞭以趋辟。"郑玄注："趋辟，趋而辟行人，若今卒辟车之为也。"张释之对汉文帝说："方其时，上使立诛之则已。"也体现了这一制度的严酷。《古今注》卷上说，这些"在前清道"的武士"皆持角弓，违者则射之"，负责"清道"的武装人员竟然可以随时随意决定"犯跸"者的生死。

而由《汉官旧仪》卷上所谓"出殿则传跸，止人清道"，可以知道这种强制性的道路专有，对公共交通的阻碍往往是相当严重的。张释之故事中"闻跸匿桥下"者"久之，以为行已过"，也说明"警跸"对公共交通设施的霸占往往时间超长。

《唐律疏议》卷二六《杂律》明确规定："诸侵巷街、阡陌者，杖七十。"【疏】议曰："'侵巷街、阡陌'，谓公行之所，若许私侵，便有所废，故杖七十。"可见法律是维护公共交通条件"公行之所"的，"私侵"即私人有所损害侵犯者，应予依法惩罚。那么，"警跸"对交通道路的"侵"，为什么被看作是合法的呢？这是因为在专制制度下，帝王的地位至高无上，而且帝王就是国家的代表，这种侵害是不被看作"私侵"的。

实际上，在帝制时代，不仅是皇帝，不同等级的权贵对道路都有这种占有权。这一情形的制度化，有"贱避贵"的法规予以保障。

宋代曾经规定将"贱避贵，少避长，轻避重，去避来"的交通法规条文公布于交通要害之处，以便全面推行。《宋史》卷二七六《孔承恭传》记载："承恭少疏纵，及长能折节自励。尝上疏请令州县长吏询访耆老，求知民间疾苦，吏治得失。及举令文：'贱避贵，少避长，轻避重，去避来。'请诏京兆并诸州于要害处设木牌刻其字，违者论如律。上皆为行之。"据《续资治通鉴长编》卷二四的记录，孔承宗建议公布的"令文"，正是《仪制令》："承恭又言：《仪制令》有云'贱避贵，少避长，轻避重，去避来'，望令两京诸道各于要害处设木刻其字，违者论如律，庶可兴礼让而厚风俗。"看来，《宋史》所谓"举令文"，未可理解为孔承宗始制《仪制令》。他建议的，只是在交通要害地方公布这一法令。

《山西通志》卷五八《古迹一·襄垣县》"义令石"条写道："县郝村之北，道隘，有义令立石，大书'轻避重，少避老，贱避贵，来避去'四言，今存。"我们今天仍然可以看到记录这一法令的实物，如陕西略阳灵隐寺宋代石刻《仪制令》："贱避贵，少避长，轻避重，去避来。"这应当是迄今所见年代最早的用于公布交通法规的文物遗存了。

《仪制令》其中所谓"贱避贵"，强调卑贱者应当避让尊贵者，通过公共交通条件的使用权利的差别，鲜明地体现了古代交通管理的等级制度。

　　也有人以为，《仪制令》是孔承恭建议制定的。宋人江少虞撰《事实类苑》卷二一"榜刻仪制令四条"，其一据《杨文公谈苑》说："孔弧次恭为大理正。太平兴国中，上言《仪制令》云：'贱避贵，少避长，轻避重，去避来。'望令两京诸州于要害处刻榜以揭之，所以兴礼让而厚风俗。诏从之，令于通衢四刻榜记，今多有焉。"其二又据《玉壶清话》："孔承恭上言《仪制令》四条件，乞置木牌，立于邮堠。"又记录了宋太宗与孔承恭就《仪制令》内容的对话："一日，太宗问承恭曰：'《令》文中贵贱、少长、轻重，各自相避并记，何必又云去避来？此义安在？'承恭曰：'此必恭戒于去来者，至相回避耳。'上曰：'不然。借使去来相避，止是憧憧，于通衢之人密如交蚁，焉能一一必相避哉？但恐设律者别有他意。'其精悉若是。"从宋太宗时代有关交通法规的御前讨论看，事实当如《玉壶清话》所说，孔承恭其实并非《仪制令》的"设律者"。

　　实际上，早在唐代，已经有了这样的制度。

　　《唐律疏议》卷二七《杂律》"违令式"规定："诸违令者笞五十……"注文："谓令有禁制而律无罪名者。"【疏】议曰："'令有禁制'，谓《仪制令》'行路，贱避贵，去避来'之类。"刘俊文《唐律疏议笺解》指出："按此令已佚，《大唐开元礼》卷三《序例杂制》载有类似之内容，疑即令文。文云：'凡行路巷街，贱避贵，少避老，轻避重，去避来。'"（中华书局，1996年，下册，第1944页）

"贱避贵"的交通规则，其实有十分久远的渊源。人们熟知的"将相和"的故事中，有蔺相如行路避让廉颇的情节。《史记》卷八一《廉颇蔺相如列传》记载，"相如出，望见廉颇，相如引车避匿"。这样的表现，与蔺相如"拜为上卿，位在廉颇之右"的地位不相符合，所以身边舍人自羞请辞。按照常规，原本应当廉颇避让蔺相如。这样的制度甚至表现在水路交通活动中。《三国志》卷五七《吴书·虞翻传》写道："（虞）翻尝乘船行，与糜芳相逢，芳船上人多欲令翻自避，先驱曰：'避将军船！'翻厉声曰：'失忠与信，何以事君？倾人二城，而称将军，可乎？'芳阖户不应而遽避之。"看来，"避将军船"是当时礼俗制度，虞翻坚意不自避，而迫使糜芳"遽避之"，是因为傲然蔑视对方人格，而糜芳亦内心羞愧的缘故。

帝王权贵出行时为了提高"止人清道"的效率，往往采用以声响威慑的方式。《古今注》卷上写道："两汉京兆河南尹及执金吾司隶校尉，皆使人导引传呼，使行者止，坐者起。"这种"传呼"，唐代又通常称作"喝道"。

《旧唐书》卷一六五《温造传》说，御史中丞温造"尝遇左补阙李虞于街，怒其不避"，捕其随从予以答辱。他在路遇中书舍人李虞仲时，又曾经强行牵走李虞仲乘车的"引马"。与知制诰崔咸相逢，竟然"捉其从人"。之所以在道路行走时就避与不避"暴犯益甚"，就是因为温造自以为权势高大，"恣行胸臆，曾无畏忌"。于是有大臣上奏："臣闻元和、长庆中，中丞行李不过半坊，今乃远至两坊，谓之'笼街喝道'。但以崇高自大，不思僭拟之嫌。"以为如果不予纠正，则损害了古来制度。唐文宗于是宣布敕令："宪官之职，在指佞触邪，不在行李自大。侍臣之职，在献可替否，不在道路相高。并列通班，合知名分，如闻喧竞，亦已再三，既招人言，甚损朝体。其台官与供奉官同道，听先后而行，道途即只揖而过，其参从人则各随本官之后，少相辟避，勿言冲突。又闻近日已来，应合导从官，事力多者，街衢之中，行李太过。自今后传呼，前后不得过三百步。"这是皇帝亲自就交通规则发表权威性具体指示的罕见史例，官僚"笼街喝道"，"街衢之中，行李太过"，迫使皇帝干预，可见这种现象对社会的危害已经相当严重了。"行李自大"，"道路相高"，形成了官场风气。从唐文宗指令"自今后传呼，前后不得过三百步"，可以推知以往高官出行道路占有，到了何等程度。所谓"行李太过"，是说随从车骑队列规模过大。顾炎武《日知录》卷三二"行李"条写道："唐时谓官府导从之人亦曰'行李'。"所举例证，就是温造故事。"元和、长庆中，中丞行李不过半坊"，有的文献写作"中丞呵止不过半坊"（《山堂肆考》卷六二）。

韩愈《少室张道士》诗："偶上城南土骨堆，共倾春酒三五杯。为逢桃树相料理，不觉中丞喝道来。"说到赏春时遭遇"喝道"的情形。《说郛》卷七六李商隐《义山杂纂》"杀风景"条所列凡十二种情景，第一种就是"花间喝道"。宋人周密《齐东野语》卷一五"花憎嫉"条所列十四项，包括"花径喝道"。宋人胡仔《渔隐丛话》前集卷二二："《西清诗话》云：《义山杂纂》品目数十，盖以文滑稽者。其一曰'杀风景'。谓：'清泉濯足、花上晒裈、背山起楼、烧琴煮鹤、对花啜茶、松下喝道。'""王荆公元丰末居金陵，蒋大漕之奇夜谒公于蒋山，驺唱甚都。公取'松下喝道'语作诗戏之云：'扶衰南陌望长楸，灯火如星满地流。但怪传呼杀风景，岂知禅客夜相投。'自此'杀风景'之语，颇著于世。"明人徐𤊹《徐氏笔精》卷三"杀风景"条："松间喝道，甚杀风景。严维《游云门寺》云：'深木鸣驺驭，晴山耀武贲。'实不雅也。蔡襄云：'欲望乔松却飞盖，为听山鸟歇鸣驺。'庶几免俗。"无论是"花间喝道""花径喝道"，还是"松下喝道""松间喝道"，都是对文人雅趣的粗暴干扰。明人王廷陈《梦泽集》写道，有人游衍别墅，"闻唱驺声，惊曰：'何物俗吏喝道入吾林！'"也体现了同样的愤懑。而通常"喝道"这种对"公行之所"的"私侵"，社会危害显然远远比"杀风景"更为严重。

在官场日常生活中，"出从笼街驭，时观避路人"（苏颂《和丁御史出郊雩祀夕雨初霁》,《苏魏公文集》卷七),是极平常的感觉。然而"路巷街"这种"公行之所",并非一般的生存空间,对于经济往来、文化交流、信息沟通,有特别重要的意义。对公共交通条件的霸占,实际上是一种严重的罪恶。这种现象,形成渊源久远的社会公害。

对于以"笼街""喝道"宣示威权是否特别看重,在权力阶层中,其实也是因人各异的。宋人周紫芝诗句"何处笼街引旆旌,老翁高卧听鸡声"(《再酬得臣》,《太仓稊米集》卷三八),"可笑只今春梦里,五更欹枕听笼街"(《晓枕不寐书所感三首》,《太仓稊米集》卷二八),"客至未妨频叩户,人生何必要笼街"(《次韵静翁雪中见过三首》,《太仓稊米集》卷一九),表露对"笼街"这种作威作福形式的冷漠。而同样是从宰相职位上退下来的王安石和陈升之,对于炫耀声威的交通条件占有方式,态度截然不同。宋人王铚《默记》卷中说:"陈秀公罢相,以镇江军节度使判扬州。其先茔在润州,而镇江即本镇也。每岁十月旦、寒食,诏许两往镇江展省。两州送迎,旌旗舳舰,官吏锦绣相属乎道,今古一时之盛也。是时王荆公居蒋山,骑驴出入。会荆公病愈,秀公请于朝许带人从往省荆公,诏许之。舟楫衔尾,蔽江而下,街告而于舟中喝道不绝,人皆叹之。荆公闻其来,以二肩鼠尾轿迎于江上。秀公鼓旗舰舳正喝道,荆公忽于芦苇间驻车以俟。秀公令就岸大船回旋久之,乃能泊而相见。秀公大惭。其归也,令罢舟中喝道。"

侵夺"公行之所"的恶劣情形，在专制时代后期似乎已经逐渐有所收敛。清人王士禛《香祖笔记》卷一一记述当时的制度："京朝官三品已上，在京乘四人肩舆，舆前藤棍双引喝道。四品自佥都御史已下，止乘二人肩舆，单引不喝道。宋人喝道，皆云'某官来'，以便行人回避。明代阁臣入直，呵殿至闻禁中。今则棋盘街左右即止，凡八座皆然。行人亦无回避者矣。今京官四品如国子监祭酒、詹事府少詹、都察院佥都御史，骑马则许开棍喝道，肩舆则否。……凡巡抚入京陛见，多乘二人肩舆，亦不开棍喝引。"不过，如果说中国社会表现在相关交通制度方面的进步确实有所表现，这种演进的速度也显得过于缓慢，演进的历程也显得过于漫长。甚至直到今天，社会生活现实中，我们依然可以看到一些现代"俗吏"们对"行李自大"和"道路相高"的迷恋。他们以为握有了一点政治权力，就可以"崇高自大"了。唐文宗曾经规定"传呼""喝道""前后不得过三百步"，可是现今有的高级官员出行条件的保障，或许远远超过了这一规格。就这一现象看来，我们走向现代政治文明和现代社会文明时，面前可能还有无数个"三百步"。

原载于王子今：《中国古代交通文化论丛》，中国社会科学出版社，2015年

"劳工神圣"和"劳作神圣"

　　如果录制20世纪的历史音响，可能在枪炮声之外，分贝值最高的就是口号声了。历史口号，往往是时代进行曲中的高音符。通过这种不同历史阶段的时代强音，也能够透露当时较宽层面的社会文化信息。有的历史口号，其实又有跨时代的震撼力。回味这些口号，或许有益于倾听我们民族沉重的足音，把握我们民族搏动的心律。

　　20世纪最伟大的历史学者之一顾颉刚先生曾经著文纪念蔡元培先生。根据他在这篇《蔡元培先生与五四运动》中的回忆，我们得知，曾经如春雷一般在中国上空长久回荡的"劳工神圣"这一口号，竟是着长袍、戴眼镜、时任北京大学校长的儒林领袖蔡元培先生最早振臂高呼的。顾颉刚先生写道：五四运动期间，"他的同情是在学生一边的。他曾经以北大校长的名义营救被捕者，以身家作保要求北洋反动政府释放被捕的学生"，"蔡元培先生在当时的情况下能有这样开明的态度，是有一定的思想基础的。1919年2月，他曾经发表过一篇题为《劳工神圣》的讲演（载《新潮》第一卷第二号），这篇讲演颇能代表他的思想"。

据顾颉刚先生引录，蔡元培先生的文章中有这样的话："此后的世界，全是劳工的世界呵！我说的劳工，不但是金工、木工等等。凡用自己的劳力，作成有益他人的事业，不管他用的是体力，是智力，都是劳工。所以农是种植的工；商是转运的工；学校教员、著作家、发明家是教育的工。我们都是劳工。我们要自己认识劳工的价值！劳工神圣！我们不要羡慕那凭借遗产的纨绔儿，不要羡慕那领干俸的咨议顾问，不要羡慕那出售选举票的议员。他们虽然奢侈点，但是良心上不及我们的平安多了。我们要认识我们的价值！劳工神圣！"实际上，《新潮》第一卷第二号并没有刊载蔡元培先生的《劳工神圣》，可能顾颉刚先生记忆有误。也有人说，蔡元培先生1918年11月16日在天安门广场所作的演讲，就是以《劳工神圣》为题。演讲词发表于1918年11月27日出版的《北京大学日刊》第260号。看来，蔡元培先生这一主张的最初提出，比顾颉刚先生所记忆的还要早一些。应当说，"劳工神圣"绝不是这位学者偶然的狂热之语，一时的激进之辞，而体现了经过深思熟虑方才形成的一种明朗的态度，一种成熟的思想，一种确定的立场。

蔡元培书"劳工神圣"

　　蔡元培先生说，"劳工"的定义，并不仅限于体力劳动者，只要付出于社会有益的劳动，也就是所谓"凡用自己的劳力，作成有益他人的事业"者，那么，"不管他用的是体力，是智力，都是劳工"。尽管有职任的不同，"农是种植的工；商是转运的工；学校教员、著作家、发明家是教育的工"，然而"我们都是劳工"。他特别强调，以"智力"从事"劳作"的知识分子，"学校教员、著作家、发明家"们，"是教育的工"。这一道理，是我们经历了数十年许许多多的挫折和苦痛，方才逐渐得到明确的认识的。于是"知识分子也是工人阶级的一部分"的说法才得到真正的肯定。至于"商是转运的工"的观点，也应当认真理解其意义。在历代执行"抑商"政策的传统中国，商人和商业长期受到鄙视和贬抑。蔡元培先生承认其劳作的价值，肯定他们也是"用自己的劳力，作成有益他人的事业"，这样的评价，也是有特殊的社会文化意义的。

在蔡元培先生高呼"劳工神圣"口号之后不久，梁启超先生也在 1920 年 9 月 15 日发表的《〈改造〉发刊词》中又提出了"劳作神圣"的口号。他说："劳作神圣为世界不可磨灭之公理。"

也可能是因为今天现代文化合奏的声音实在是太嘈杂了，"劳工神圣"和"劳作神圣"的口号，尽管当时有震天动地的声威，然而现在要寻觅其微弱的历史回音，已经不大容易。对于今天的青年人来说，"劳工"似乎已经成为一种"古老"的称谓，以"神圣"二字称颂"劳工"和"劳作"，自然更难以理解了。对于中年以上的人们，"劳工神圣"和"劳作神圣"的呼声，也已经成了十分遥远的回忆。

曾经使赤旗飞舞，令热血沸腾的"劳工神圣"和"劳作神圣"的口号，现今似乎已经成了历史的遗存。不过，我们也许不应当仅仅在回顾历史时注意到这样的口号，也许，我们在理解这种口号当时的历史合理性的同时，也可以深思其中蕴含的文化内容是否有超越时代的价值。

应当说，"劳工神圣"和"劳作神圣"，是出自蔡元培、梁启超们内心的真诚的声音、理性的声音、科学的声

显示"劳工神圣"字样的
江岸京汉铁路工会会员证

音。如果运用某些年代的阶级划分标准,梁启超和蔡元培
两位先生,既不能划入"无产阶级",也不能归为"劳动
人民"。然而这些当时中国思想界的先驱们却郑重宣布:
"我们都是劳工。"同时又高声呼吁:"我们要认识我们的
价值!劳工神圣!"对于未来社会的发展,他们又满怀这
样的信心:"此后的世界,全是劳工的世界呵!"

回顾历史,凡是普通"劳工"、普通"劳作"受到尊
重、得到肯定的时代,大多是社会能够真正走向开明、走
向进步的时代。随着现代科学技术的发展,使得以"智
力""作成有益他人的事业"的情形越来越普遍。这些以
往用偏狭的眼光不看作"劳作"的"劳作"形式,和以这
种"劳作"形式推进文明的"劳工"人群,理应为社会看
重。我们今天回味"劳工神圣"和"劳作神圣"口号的意

义，心中依然赞同蔡元培先生等对于与"劳工"相对立的人和与"劳作"相对立的事的鄙视："我们不要羡慕那凭借遗产的纨绔儿，不要羡慕那领干俸的咨议顾问，不要羡慕那出售选举票的议员。他们虽然奢侈点，但是良心上不及我们的平安多了。"也许，在"富贵"再次成为社会普遍追求目标的时候，有必要启导对"劳作"和以"劳作"为人生主要内容的"劳工"的尊崇。"我们要认识我们的价值！劳工神圣！"

原载于《学习时报》2004 年 5 月 3 日

说"权"解"益"

　　"权益",近年来无论在社会传媒还是在日常言谈中,都已经成为使用率相当高的语汇。

　　"权益"的解说,通常即认为公民依法应当享有的权力和利益,其意义似乎相当于"权利"。《现代汉语词典》写道:"【权益】应该享受的不容侵犯的权利。"《汉语大词典》也是这样解释的:"【权益】应当享受的不容侵犯的权利。"随后所列举的例证有如下两则:1.《中国人民政治协商会议共同纲领》第五十八条:"中华人民共和国中央人民政府应尽力保护国外华侨的正当权益。"2.毛泽东《论十大关系》:"中央、省市和工厂的权益究竟应当各有多大才适当,我们经验不多,还要研究。"

　　确实,"权利"很早就包涵政治和经济两方面的意义。《荀子·劝学》所谓"权利不能倾也,群众不能移也",其中的"权利",就是权势和货财的意思。"权益"的"益"

的含义当然也不言自明，是与"利益"的语意十分接近的。"益"一般指丰饶、增多，很容易使人想到一般利益追求之多多益善的愿望。

汉代学者许慎编撰的中国早期字书《说文解字》中的《皿部》有对"益"的解释："益，饶也。从水皿。水皿，益之意也。"说明了"益"字上部的"兴"，实际上就是"水"，那么，"益"字，也就相当于"盈"字了。不过，《龙龛手鉴·皿部》中另有"盈"字，又说此字的意义与"盥洗"的"盥"是相通的。其实，都是"皿"上有"水"，"益"是说"水"从"皿"上溢出，"盈"是说"水"从"皿"上注下。

注意到"益"和"溢"的关系，当然很容易就会联想到"益"字被使用于"增益""进益""补益"时的情形。以现代语意理解"权益"时，如果"益"恢复"溢"的古义，以致出现"利益"追求的过度，"利益"牟取的过度，当然是不好的。而"水皿，益之意也"的解释，又使我们联想到水器所表现的平等、平均之意。如果从这一角度来说"权益"之"益"，或许是适宜的。古来"法"字也从"水"，就是说，最早的"法"，是因社会公平要求而产生的。而"法"的理想定义，也如"水平"之象征，应当是体现一种"平等"的社会追求，保障一种"平等"的社会理念，维护一种"平等"的社会秩序的。

"权益"之"权"，其实原本也有公正、公平的含义。

"权"，起初正是测定物体重量的器具。早期的"权"，起类似天平的衡具所使用的砝码的作用。《汉书》卷二一《律历志上》说："权者，铢、两、斤、钧、石也，所以称物平施，知轻重也。"正说明了"权"的性质和作用。后来的秤砣、秤锤，也叫作"权"。所以，重量的秤量，也被称作"权"。《孟子·梁惠王上》说，"权，然后知轻重"，正反映了这样的情形。"权"，也因此有了平均、平衡的涵义。可能最早的社会管理"权力"的"权"，也无非象征着握有这种"权力"的人，有平均、平衡的意识和平均、平衡的能力。

这样说来，我们对于"权益"，应当站在公正和平等的观念基点上予以正确的理解。

这就是说，违反公正和平等原则的"权益"追求，将个人"权益"无限度放大以致泛溢出合理水准，而不惜损害他人"权益"的思想和言行，都是应当否定的。以非法方式谋求个人法外"权益"的人，其地位不论多高，都应当受到法律的制裁。

另一方面，只要是正当的合法的"权益"，不论其合理拥有者地位如何低微，其"不容侵犯的"的性质都应当得到充分有力的保障。

原载于《山东工人报》1999 年 1 月 28 日

迟速和缓急：中西文化节奏的比较

　　420 年前，也就是公元 1600 年，旅居中国的耶稣会传教士利玛窦第二次来到北京，得到明万历皇帝的信任，敕居京城。当时，中国的男人还没有梳起辫子，女人则早已缠足。利玛窦后来用意大利文记述了他的中国印象，其中有对于中国社会文化节奏的认识。他注意到，"中国这个古老的帝国以普遍讲究温文有礼而知名于世"，可是，"他们的礼仪那么多，实在浪费了他们大部分的时间"。利玛窦还发现，贵族官僚从来不在街上行走，他们坐在紧闭的轿子里被抬着走，法律甚至"禁止坐车"。意大利人卫匡国在《鞑靼战纪》中还说到北方勇悍的游牧民族入主中原后，被农耕社会和缓的优雅风尚所征服，而遗忘了原先急进的尚武精神的情形。法国学者勒让德（A. F. Legendre）在《现代中国文明》中也说，中国人是"老人国民"，他们"使自己木乃伊化"，"感觉迟钝麻木"，"总是慢慢悠悠"。另一位法国学者克洛德·拉尔（Claude Larre）通过对中国人的时间经验知觉和历史观的研究，也曾经指出："在古代农耕文化中，时间概念是与更为具体多样的'季节'概念结合在一起的。在中国各地，一年分为四季，四季的定义是异常稳定的。"在中国人的传统观念中，四季，"是一种切实可行的时间周期"。有人于是认为，以农业为主体经济形势的社会，"所注重的是大的节令，而不重小分秒。因小分秒不足以影响农事大局，所以也不太计较时间"。（李威熊：《中国文化精神的探索》，黎明文化事业公司，1985 年）这样的意见曾经引起争议。不过，中国古代的计时方式，确实是比较疏略而不十分注重精度要求的。

中国文化有推崇"静"的传统。《老子》强调"好静""不争"的文化品格。孔子也说，"仁者静"，"狂者进取"。《论语·述而》说："子之燕居，申申如也，夭夭如也。"按照汉代大儒马融的解释，"申申"和"夭夭"，都是形容一种"和舒之貌"。孔子的志行和儒学的精神，通过安舒和缓的生活节奏得到体现。以舒缓为倾向特征的道德系统经过千百年的营建终于确立。那么，节奏快一点难道不好吗？不好。孔老夫子说，"无欲速"，"欲速则不达"。《周易·系辞上》又说到一种被称为"圣人之道"的境界，叫作"不疾而速"。大致相同的意思，东汉学者桓谭则表述为"以迟为速"。中国人守静的追求，可以达到一种神化之境，如唐诗写隐居生活所谓"寥寥人境外，闲坐听春禽"，慈明和尚说佛法所谓"无云生岭上，有月落波心"，比较极端的，则有段成式《闲中好》诗所谓"坐对当窗木，看移三面阴"。

说到这里，不由得想到龟兔赛跑的故事。如果不是仅仅从竞技胜负的角度得到启示，而注意其比较文化节奏的意义，可能也是有益的。一种急行，一种缓行，前者暴露出轻狂浮躁，后者显示出从容稳重。一位美国学者丁乃通在分析中国民间故事的类型时，发现"兔子和乌龟赛跑"，而"兔子睡着了"这类故事是有广泛影响的。他注意到："比赛也常在其他动物中进行。"不过，在中国古代富有神性，以致成为一种重要文化象征的龟，是受到特殊重视的。龟以能耐受一切困境、生命力极强著名，于是有"支床有龟"之典。可是，神龟虽寿，因为节奏的缓慢实际上已经与死接近，其生活的质量和生命的价值都不是可以赞美的。进入文化碰撞发生，文化竞争激切的时代，如果只是期望对方"睡着了"以取胜，这本身就是一种幻想。

英国著名历史学家汤因比（Arnold Joseph Toynbee）在《历史研究》一书中提出了一种总结文明史规律的历史哲学。这部书的原定写作计划，第11部为《文明历史的节奏》，不过，在实际写作过程中，这一计划变更了。但是，在该书的其他章节，有涉及我们一般理解的历史文化节奏的内容。汤因比写道：除了"发展的文明"和"流产的文明"之外，还有一种"停滞的文明"。"这种文明虽然存在，但是没有生长"，"它们都有一种共同的特别的困难的处境"，"即丧失了活动的能力"。汤因比还说到，有这样的社会，它们既未失败也未胜利，"它们只是苟延残喘地生存下来，等着胜利的社会替它们指出一条新的道路，然后它们再老老实实地踏着拓荒者的脚步缓缓前进"。在世界走向近代化的时代，中国文化的危机即突出表现于其传统节奏倾向之迟滞迂缓所显露出的消极性。

近来有机会翻阅清人所作《上海竹枝词》。这是一些记录上海开埠之后近代化轨迹的仿民歌体诗作。上海作为中国较早接受西方文化影响的窗口，作为近代化进程中具有先行性、典型性的地方，其历史变化透露出新的社会文化气息。值得注意的是，许多诗人对于洋人造作"大自鸣钟"争相咏诵，其中不乏令人醒目动心之辞。面对这座大钟，往往"行人要对襟头表"，"到来争对腰间表"。对于这一现象，是不能仅仅从物质文化影响和单纯器物引进的角度来认识的。时间观念的变化，效率意识的养成，节奏风格的演进，其实对于社会生活总体，有全面的激励作用。一位《上海竹枝词》的作者说到"大自鸣钟"的震响时使用了"警迷"一语，其中的意味可以发人深思。

出版于1870年的毛祥麟撰《墨余录》卷二有"驰马赌胜"条，说到西人将赛马引入中国的情形："诸骑飞驰，奔霄腾雾，以先为胜"，"高搭看台，华民观者且以万计"，"车走雷鸣，道路无隙"。毛祥麟看到西人驰马竞逐，而华人"观者无不鼓掌笑"的情景，产生了某种历史联想。他写道，春秋时代，齐俗急功利，喜夸诈，秦俗强悍，乐于战斗。今西人以驰马为赌赛，是兼有齐国和秦国的古俗啊，"有心者，或不徒以眼花耳热为娱哉!"他意识到我们民族社会文化节奏的历史变化，感叹当前国力对比与民族心理对比之悬殊，期望"有心者"为之感奋振起。篇末有朱作霖尾批，注意到毛氏通过文化节奏比较所作结语的深刻内涵："一结尤担斤两，未可以闲言语读之。"

至于对春秋时期齐俗和秦俗的回顾，涉及古今历史文化节奏的比较，当然又是另一个话题了。

原载于《学习时报》2000 年 1 月 31 日

文化节奏的区域差别

鲁迅在杂文《南人与北人》中曾经比较南北文化风格的差异。他说："据我所见，北人的优点是厚重，南人的优点是机灵。但厚重之弊也愚，机灵之弊也狡。"机灵和厚重的差别，也可以和节奏的快捷与缓滞相印合。不过，这种南北的差异，在历史上曾经表现为东西的差异。俞文豹《吹剑录》写道，苏东坡问一幕士，"我词比柳词何如？"对方回答说："柳郎中词，只好十七八女孩儿，执红牙拍板，唱'杨柳岸，晓风残月'，学士词须关西大汉，执铁板，唱'大江东去'。"苏东坡大笑不能自持。柳词有江南纤丽之风，苏词则往往展示西部豪放气势。《吹剑录》所说唱词者"十七八女孩儿"与"关西大汉"的角色差异，暗示区域文化风格的不同。而"执红牙拍板"和"执铁板"的差别，各说明了节奏的特征。

当前，"东部"和"西部"已经成为通行的语汇。不过，人们所瞩目的似乎主要是经济的区域差异。其实，文化的区域差异无疑也值得重视。这种差异作为历史存在，发生的原因和演进的轨迹都值得认真探究。对于历史上不同区域的文化节奏倾向，自然也有必要求得科学的认识。

古代学者对于地方文化风格也就是通常所说土风民气的不同，很早就有所论述。《礼记·王制》说，五方之民风习不同，"刚柔、轻重、迟速"，各有差别。司马迁在《史记》卷一二九《货殖列传》中分析各地民情，曾经涉及文化节奏在各地民风中的体现。《汉书》卷二八《地理志》完成了一部年代最早的比较完备的全国区域文化总论。其中说到，民性"刚柔缓急"的节奏差异，与"水土之风气"有关。著名纬书《春秋元命苞》中历数文化地理形势，也涉及各地风气的节奏倾向，如荆州其气急悍，雍州其气险，益州其气急切，幽州其气躁急，并州其气勇抗，都显示其节奏特征的"急"，相反表现出节奏特征之"缓"的，有徐州的徐缓安详，豫州的阴阳有序等。值得注意的是，文化积累较为深厚的中原地方节奏风格偏向舒缓，而周边少数民族影响较为明显的地方则节奏风格有急切的倾向。在春秋战国时期，中原周边的齐、晋、楚、吴、越相继强盛，而秦国地处西僻，曾经被中原人看作夷狄，因军威之猛进以及民风之急烈，最终以刚勇峻急的风格征服其他强国，完成了统一。

《史记》卷一二九《货殖列传》说齐地"其俗宽缓阔达"。《汉书》卷二八《地理志》关于临淄地方的文化特色，也用"舒缓"或者"舒缓阔达"一类语汇予以表述。《汉书》卷八三《朱博传》也曾经强调"齐郡舒缓"。当时的西部地区，风习则有所谓"高上气力"或者"高上勇力"，也就是崇尚勇健强力的倾向。于是汉代有"秦汉以来，山东出相，山西出将"的说法。当时以崤山或华山划分山东山西，与以潼关或函谷关划分关东关西大体是一样的，如民间曾经同时流行"关西出将，关东出相"的谚语。按照《汉书》卷六九《赵充国传》的说法，"山西"地方之"处势"迫近少数民族，民俗修习战备，于是至今民风"慷慨"，"风流犹存"。《后汉书》卷八七《西羌传》又有山西"猛性""飙锐"的说法，《晋书》卷一一六《姚弋仲载记》也说"陇上多豪，秦风猛劲"，都反映了这种民俗风格的节奏特征。

后来北方民气的形成，有草原民族文化影响的因素。《盐铁论·备胡》说，匈奴"戎马之足轻利"，《盐铁论·世务》称其可以"飙举电至"。《汉书》卷五二《韩安国传》也有匈奴"轻疾悍亟"，"至如猋风，去如收电"的说法。《晋书》卷一〇一《载记序》"性灵驰突"，《魏书》卷一〇三《高车传》"风驰鸟赴，倏来忽往"，《新五代史》卷七四《四夷附录》"下上如飞"等，都形容游牧族急迅激越的节奏特征。草原民族千百年来对汉族的冲击以及与汉族的融合，都影响了北方民俗形态的构成。在刚决勇烈的朔风的感振之下，传统农耕文化缓滞的风格可以得到急进之节奏的激励。这种情形，正如恩格斯曾经指出的，历史上落后文化可以给先进文化注入新的生命力，使其由衰落状态中"返老还童"。当然，实现定居生活的游牧族最终仍然被农耕文化传统的节奏定式所征服。

司马迁总结大商人白圭致富的方式，说他成功的原因，包括所谓"趋时若猛兽鸷鸟之发"（《史记》卷一二九《货殖列传》），也就是能够以较为急切的节奏风格把握商机，积极进取。历代商人逐利，生活节奏相当紧张。唐诗所写的"贾客灯下起，犹言发已迟"（刘驾），"估客无住著，有利身即行"（元稹），"汲汲复营营，东西连两京"（薛能），"此地无驻马，夜中犹走轮"（聂夷中）等，都反映了这一情形。工商业的进步，可以带动社会生活节奏的变化。近世中国社会，从大的趋势说，沿海和内地，东部和西部，前者初步显露出都市社会较为急骤的文化节奏，后者则多保留农耕社会较为舒缓的文化节奏。出现这样的区别，有经济构成变化的原因，也有西方文化影响的原因。

我们再回到本文开头的话题。历史学者吴晗在 1936 年曾经发表《南人和北人》一文，他在分析文化的南北差异之后说，"也许在近百年史中最值得纪念的大事，是新式的交通工具及方法之输入"。这种变化"缩短了距离和时间"，无形中使南北差异"自然消除"，营造出一种新的民族文化。认为使距离和时间得以缩短的文化节奏的变化有益于消除区域偏见，推动社会进步的观点，堪称有历史眼光的卓识。

原载于《学习时报》2000 年 5 月 29 日

文化节奏的时代差别

子在川上曰：逝者如斯夫。孔老夫子以江河比喻历史的说法，被许多人所接受。历史确实一如江河，有"潮平两岸阔"的平缓河段，也有"绝壁天悬，腾波迅急"的峥嵘峡路。

中国传统史学通常习惯以所谓"盛"和"衰"总结历史发展的阶段性变化。司马迁曾经批评以前的史学没有能够概况历史的"要"，也就是历史的要旨、历史的要妙。他说，历史的"要"，就是"盛衰大指"，而"见盛观衰"，是史家的主要职责。我们如果以较为宏阔的视界看历史文化的全景，那么，"盛"与"衰"，就并不仅仅是指王气的勃兴与凋灭，又意味着一个历史时期社会创造力总和的价值，意味着当时人们的思想成就在人类智慧宝库中的比重，也意味着这一时期文明进步的速度。应当看到，历史节奏和文化节奏的变化，也可以看作"盛衰"演换的征象之一。

中国文化尽管有节奏特征倾向于舒缓的传统，但是中国历史上也曾经出现过世风激进的时代。

例如，战国秦汉时期曾经流行的驰车争进，以高速者为优胜的竞技项目"驰逐"，就体现出积极的节奏风格。"驰逐"的目的，《荀子》说是"及速致远"，《韩非子》说是"进速致远"，《淮南子》说是"追速致远"，都强调对速度的追求。著名的"田忌赛马"故事，就是在"驰逐"竞赛中发生的。汉武帝时，仍然盛行这种竞技，他曾经在宫苑中规划兴建"驰逐走马之馆"，并且亲自参与"驰逐"。不过，"驰逐"在当时已经遭到非议。东方朔就曾经当面批评汉武帝"教驰逐"是一种淫侈行为，史臣甚至把"驰逐"活动与灾异现象联系起来。到了晋代，在葛洪的《抱朴子》书中，"驰逐之徒"已经成为与"逸伦之士"相对的明显含有贬义的称谓了。历史上还曾经流行赛马的风习。《乐府诗集》中有这样的民歌："健儿须快马，快马须健儿。跸跋黄尘下，然后别雌雄。"这种体现竞技者勇健精神的以速度"别雌雄"的运动，后世在中原农耕地区逐渐销声匿迹，只在某些少数民族地区得以保留。

两汉的文化节奏曾经表现出鲜明的对比。西汉时期是中国历史的英雄时代，对于文明之创进贡献极多。当时人形容事业成功与人生得意的所谓"奋疾""驰骛""奔扬"等语汇，都反映了当时文化倾向的急进风格。东汉社会风习有所转变，文化节奏趋于舒缓。清代学者赵翼在《廿二史札记》中曾经比较两汉初期高级干部的出身，指出"西汉开国功臣多出于亡命无赖"，有粗莽之风，而东汉"诸将帅皆有儒者气象"，好礼修文，认为这是"一时风会不同"。这种变化，也体现了社会文化风貌的演进。与西汉盛行"驰逐"运动明显不同的，是东汉开始流行乘坐牛车的风习。六朝士大夫都以乘牛车为时尚，乘马者几乎绝迹。

盛唐文化再一次表现出豪放激越的风格。一时书之"狂草"，舞之"胡旋"，乐师之"急竹繁丝"，"急拍繁弦"，诗人之"兴酣不叠纸，走笔操狂词"，也都体现了时代精神倾向于激奋的风格。与魏晋以来风行"犊车"的世风相比较，唐代官员都骑马上朝。唐代文字和文物遗存中，甚至多见妇女骑马的资料。与此对照，宋以后至于明清时期轿的盛行又反映了社会生活节奏的时代差异。有的学者于是深切感叹道："民气之委靡，去隋唐远矣！"（尚秉和：《历代社会风俗事物考》）

不同历史时期文化节奏的差别，可以使人们产生不同的历史印象和历史感受。青年毛泽东在《〈伦理学原理〉批注》中曾经发表这样的感慨："吾人揽（览）史时，恒赞叹战国之时，刘、项相争之时，汉武与匈奴竞争之时，三国竞争之时，事态百变，人才辈出，令人喜读。至若承平之代，则殊厌弃之。非好乱也，安逸宁静之境，不能长处，非人生之所堪，而变化倏忽，乃人性之所喜也。"毛泽东的认识，固然表现出对历代"乱"和"治"的特殊的个人情感倾向，但是也反映了历史上文化节奏屡有时代变换的事实，反映了"事态百变，人才辈出"的节奏急进时代往往对于历史文化有较显著推进的事实，反映了通常稍有历史识见的人们对于"变化倏忽"的"竞争之时"偏多爱重，而对于节奏过于和缓的"安逸宁静"时代有所"厌弃"的事实。不过，我们看到，毛泽东在为抗大确定的校训即所谓"三八作风"中提倡的"紧张"二字，在战争年代有积极的效用，而在另一个特殊的时期于"继续革命"旗号下所谓"只争朝夕"的风格发扬到极端，则又应当作另外的历史分析了。

历史文化节奏"缓"与"急"的变化，自有其客观的规律，当然不是以个人的意志为转移的。《周易》所说的"动静有常"，《庄子·则阳》所说的"缓急相摩"，贾谊《新书·兵车之容》和董仲舒《春秋繁露·玉杯》所说的"适疾徐"，都隐约表达了对理解和适应这种规律的认识。不过，我们应当认识到，为中华文明的伟大复兴而努力，无疑有必要继承历史上英雄时代积极进取、奋疾勇决的节奏风格；在当前世界激烈的"竞争之时"，也有必要警惕历史上曾经麻醉毒害我们民族文化的"委靡"之风的再度回流。

原载于《学习时报》2000 年 5 月 29 日

文明进步的加速度

  远古社会，人们曾经以十分和缓的节奏生活。《庄子》关于上古圣王时代的生活情景，有"其卧徐徐，其觉于于"（《庄子·应帝王》），"卧则居居，起则于于"（《庄子·盗跖》）的描述。历代学者注释，多解释为徐缓安闲。《淮南子》书中也有类似的文字。原始时代文化节奏的迟缓，还可以通过现存原始部族的调查资料得到说明。人类学者对原始人的思维习惯进行研究，发现了他们对时间和效率的漠视。而我们通过考古发现所了解的石器时代的社会演进节奏，也确实是十分缓慢的。对旧石器时代的遗迹遗物进行比较，人们会发现，往往相距数万年的文化遗存，竟然看不到显著体现历史进步的文化现象。新石器时代文化的繁荣，也经历了漫长的过程。"徐徐""于于""居居"的文化节奏，体现出文明进步的初速度。

  春秋晚期的著名政治家范蠡说，"圣人随时以行"

（《国语·越语下》）。强调节奏应当适应天时。班固也说到"神农因天之时"（《白虎通义·号》）。说明农业的创生已经使人们不能不注意季节的变化，最原始的时间观念和节奏习惯已经有所转换。《庄子》论述政治史的得失，也说到从"天下欣欣焉人乐其性"到"天下瘁瘁焉人苦其性"的变化（《庄子·在宥》）。普通人的感受由闲逸到劳累，由"乐"到"苦"，体现出文化节奏趋于急迅的演进。

英国历史学者汤因比在进行文明比较时曾经指出：文明社会，从它的时间指标来说还是很年轻的，"它的绝对年龄迄今为止如果同原始社会那个姊妹品种来比较的话，可以说是很短的"，"产生文明的时间，同人类全部历史的时间实在差得远。它仅仅占人类全部时间的百分之二，或五十分之一"。而这段短暂时期的文明成就，却与漫长的原始时代有着天壤之别。人类学家赫尔德在《人类的上升》一书中也涉及这一问题。他说："燧石永远存在，铜和文明的寿命同样长，铁的寿命只有几世代，钢只能有一生。"以生产工具质料所代表的文明史的阶段，有越来越短暂的趋势。通过这一历史事实，自然可以看到文化节奏变得越来越快。

美国社会学家托夫勒（Alvin Toffler）在《第三次浪潮》中有一段著名的话，指出人类社会面临的变革浪潮一次比一次更为迅疾，更为猛烈。他写道："人类到现在已经经历了两次巨大的变革浪潮。这两次浪潮都淹没了早先的文明和文化，都是以前人所不能想象的生活方式替代了原来的生活方式。第一次浪潮的变化，是历时数千年的农业革命。第二次浪潮的变革，是工业文明的兴起，至今不过是三百年。今天的历史发展甚至更快，第三次浪潮的变革可能只要几十年就会完成。"这部书出版 10 年之后，托夫勒又有《力量转移：临近 21 世纪时的知识、财富和暴力》一书问世。其中专门有《快的和慢的》一章。他指出，"一种新的划分正在出现"，"从今以后世界将分成快的和慢的"。"快"才能适应历史的发展，由"慢"而"快"，代表着历史前进的方向。托夫勒又写道："从历史上看，力量是从慢的转移给快的——无论是就物种还是民族而言。"现在距这部书的出版又过了 10 年。人们对这种文明进步的趋向有了更鲜明的感受。托夫勒指出，"农民社会经济进程的运动之慢犹如冰河速度"，在这样的历史阶段，"财富创造方法的进步慢到一个人在他一生中都几乎难以察觉。有了什么发明以后，接着又似乎是几百年的停滞"。他又预言"明天的'快'经济"令人鼓舞的形态，"这部加速度的、生气勃勃的新财富机器正是经济进步的源泉，因此也是巨大力量的源泉。同这部机器脱钩，将被未来所摈弃"。

其实，中国古代也有隐约以为文化节奏可以由"慢"而"快"有所进化的认识。《淮南子·说林训》说，女娲

《中国文化节奏论》书影

能够"七十化"。可见女娲具有节奏迅速、变化多端的神格。《风俗通义》记述了女娲造人的传说，说女娲起先抟黄土造人，后来过于劳累，"力不暇供"，于是用绳子以泥水造人（《太平御览》卷七八引《风俗通》）。女娲造人传说对于人类物质生产和人类自身的生产所具有的象征意义，使我们体会到，古人可能很早就已经产生了改良技术、提高效率以促进生产的思想，甚至可能已经产生了文化节奏将出现由慢而快的进步的朦胧预想。人们都熟知愚公移山的著名故事。开始时愚公率领子孙们挑着担子，"叩石垦壤，箕畚运于渤海之尾"，后来终于感动上帝，上帝命令夸蛾氏二子背负两山分置两地，"一厝朔东，一厝雍南"（《列子·汤问》）。这一故事也体现出古人对于提高效率、加快速度乃至于成就神化之伟力的期望。当然，因为社会经济形态的制约，这样的认识只能是模糊的，这样的要求，只能是初步的。

现在看来，历史似乎趋于越来越快的进步，文化也似乎表现出越来越快的节奏。速度的变化与发生这一变化的时间的比，也就是单位时间内速度的变化，通常称为"加速度"。文明的演进，也可以看到这样的"加速度"。出于这种认识，我们应当对于趋向"快"的节奏，增进一种文化的自觉。因为如果不努力以更快的节奏争取与世界同步，则难以避免同先进文化、同快经济"脱钩"的危险。

当然，文化的节奏越来越急速，最终总会有一个极点。到了那时，人们可能会重新注意到中国古代哲人"急者欲缓，缓者欲急"，"得迟疾之中"的思想的合理性和先见性。不过，这又是另外一个论题了。

原载于《学习时报》2000年2月21日

读史可以益心

　　《三国志》卷五四《吴书·吕蒙传》裴松之注引《江表传》说到孙权劝告吕蒙读史的故事：孙权对吕蒙和蒋钦说，你们现在负有军政责任，"宜学问以自开益"。吕蒙答道："在军中常苦多务，恐不容复读书。"孙权说：我并不是要你研习经书成为专精的博士，只是希望能够对历史有所涉猎。你说军中多务，事务之繁，难道会超过我吗？我少年时读《诗》《书》《礼记》《左传》《国语》，惟独不读《易》。管理政事之后，研究"三史"和诸家兵书，"自以为大有所益"。他建议吕蒙和蒋钦"宜急读《孙子》《六韬》《左传》《国语》及'三史'"。后来吕蒙努力读书，笃志不倦，其所览见，旧儒不胜。鲁肃发现吕蒙识见大有长进，有"学识英博，非复吴下阿蒙"的称誉，吕蒙对答，则有"士别三日，即更刮目相待"的话，"刮目相待"或者"刮目相看""刮目相见"由此成为民间熟语。孙权所说"宜急读"也就是应当首先尽早阅读的"《左传》《国语》及'三史'",都是史书。"三史",即《史记》《汉书》和《东观汉记》。吕蒙因读史而才略大进,后来竟然战胜了名重一时的蜀汉名将关羽,使孙吴政权取得荆州全境,三国形势于是发生重大变化。毛泽东注意到吕蒙事迹的启示性意义,曾经用这一故事勉励"多务"之中的同志们努力读史。

吕蒙读史的故事传诵久远,成为深刻的文化记忆。《晋书》卷一二七《慕容德载记》写道,慕容德"博观群书","有远略",与兄长慕容垂"共论军国大谋,言必切至",得到"汝器识长进,非复吴下阿蒙也"的夸奖。从慕容德的传记中所记载他劝谏前燕主慕容㬒讲述"昔楚庄灭陈,纳巫臣之谏而弃夏姬"以及"昔勾践栖于会稽,终获吴国"等历史故事看,他所"博观"的"群书"中,史书很可能是主体内容。

马克思主义的创始者对于历史学的修养曾经予以特殊的重视。马克思和恩格斯在《德意志意识形态》一书中曾经写道:"我们仅仅知道一门唯一的科学,即历史科学。"恩格斯在《英国状况》中也指出:"历史就是我们的一切,我们比任何一个哲学学派,甚至比黑格尔,都更重视历史……"毛泽东也是一位十分关心历史学、充分重视历史学的革命家,他对历史既有浓重的兴趣,也有深刻的理解,特别善于运用历史知识于政治斗争实践。他的政治事业的成功，其实和他深厚的历史学素养有着直接的关系。美国记者斯诺 1936 年在陕北第一次见到毛泽东时就注意到，毛泽东"是一个精通中国旧学的有成就的学者，他博览群书，对哲学和历史有深入的研究"。毛泽东不寻常的人格力量中蕴含的历史学素养，曾经对于革命进程有显著的积极影响。他在 1915 年致友人的一封信中，已经把历史学放在"国学"中最重要的地位。他认为，所谓"为国人之学者"，"明其国历史"当列于首要位置。他说："历史者，观往迹制今宜者也，公理公例之求为急。"强调必须首先掌握了历史学这样的"国学常识"，才可以"求公例公理，绳束古今为一贯"。

中国是历史最为悠久的文明古国之一。中国历史，以沿承之久远，创造之宏富，形式之繁盛，影响之广阔，在人类文明史上据于重要的地位。特别值得强调的是，中国与世界其他文化体系比较，数千年来，历史记载最为完整，历史遗存最为丰富，历史传承关系也最为明确。史学是传统国学的主干。史学实际上长期以来就已成为中国传统文化的基本构成内容。唐代名臣魏徵等所编撰的《隋书·经籍志》进行学术文化的历史总结，其中正式以经、史、子、集四部进行图书分类。这样的分类方法后来一直为历代所承袭。我们看到，其中著录的史部书籍多达 13264 卷，竟占到经史子集四部合计总数 31694 卷的41.85%！可见，中国古代的历史记载在整体文化中的重要地位。实际上，明确归入史部的，只是直接意义上的史书。还有其他一些古籍，虽然名义上不称为史书，其实从内容看，也是历史的记录。例如前面说到的记述春秋时期历史的《左传》，按照四部的图书分类方式，原本是列入经部的。梁启超在《新史学》中曾经指出："于今日泰西通行诸学科中，为中国所固有者，惟史学。史学者，学问之最博大而最切要者也，国民之明镜也，爱国心之源泉也。"他甚至说，现代西方"列国所以日进文明，史学之功居其半焉"。

《清史稿》卷四八〇《儒林列传一·黄宗羲》有这样一段话，涉及读经与读史的关系以及读史的方法："问学者必先穷经，经术所以经世。不为迂儒，必兼读史。读史不多，无以证理之变化；多而不求于心，则为俗学。"就是说，理论经典是首先必读的，但是如果期望不堕落为"迂儒"，则应当兼而读史。史书应当有一定的阅读量，否则不能理解历史演进的规律；但是假若只是学而不思，则仍然是"俗学"一流。显然，一个有志于学的人，一个愿意吸取中国文化的丰富营养来充实自己、完善自己的人，应当读一些中国史学名著。如果读史并有所深思，则可能有突出的进益。

读史可以资治，这是历代治史者和读史者共同的认识。在中国古代，历来有"鉴古知今"的说法。熟悉历史知识，借鉴历史上的得失成败，汲取经验教训，明了历史规律，为现实服务，是中国千百年来久已形成的一种文化传统。司马迁在《史记》中曾经写道，"居今之世，志古之道，所以自镜也"。唐代张九龄的《千秋金鉴录》、宋代司马光的《资治通鉴》、明代张居正的《帝鉴图说》等，其中的所谓"鉴"，都是这个意思。历史，被有识见的政治活动家看作现实的镜子。历史经验被视作可以应用于现今的智囊。

其实，历史知识可以看作一切人文知识的基本，可以看作千百年文明积累的总结。在文化进步已经进入新的里程阶段的今天，即便对于负有一定管理责任的领导干部而言，借鉴历史经验，可能不是读史的主要目的。除了汲取鉴诫，读史还可以大有益于充实才学，涵养精神，加强修养，增益智慧。特别是对于理解我们民族文化的特质、认识我们古老祖国的国情来说，读史无疑是必经之途。鲁迅论读史，曾经指出由此可以"给人明白我们的古人以至我们，是怎样的被熏陶下来的"（《准风月谈·我们怎样教育儿童的?》），可以明白"遗留至今的奴性的由来"（《且介亭杂文·买〈小学大全〉记》）。他编入《华盖集》中的以下有关读史的议论，当然更值得我们今天细心品味：

"我们看历史，能够据过去以推知未来……"（《答KS君》）

"历史上都写着中国的灵魂，指示着将来的命运。"
(《忽然想到》)

　　"读史，就愈可以觉悟中国改革之不可缓了。"(《这
个和那个》)

　　原载于《学习时报》2000 年 12 月 4 日；《学问》2001
年 3 期

"史识"与电脑"利器"

当今计算机技术的进步和普及，显著冲击着社会文化的各个层次、各个角落。可以说，信息革命已经影响了社会上每一个人的生活情境和生活方式，而社会文化的诸多表现形式也因此发生了变化。史学领域多数学人也普遍应用计算机技术检索史料、收集信息、整理思路、撰写论著。可以说，今天的史学，在学习方式和研究方式上都已进入以往学者难以想象的新境。清醒的历史学研究者面对这一情形，自然会思考史学方式的革新与史学传统的继承这两者之间的合理关系。

（一）"汉宋两司马"面对的学术条件的进步

其实，史家面对学术条件的重要更新，在史学史的进程中可以看到前迹。

有人将司马迁和司马相如并称"两司马"。明人有言"孝武表章六经，两司马并起即盛矣"（何景明《大复集》

附《创建大复何先生祠记》）。或说"西汉时，两司马最显"（余继登：《寿官槐庵霍公行状》，《淡然轩集》卷七），因有"汉家两司马"（王世贞：《答助甫吏部八首其六》，《弇州四部稿》卷二七）、"西京有两司马"（任瀚：《三司马祠堂记》，《明文海》卷二六七）之说。后者言"相如、史迁皆文献名家"。鲁迅《汉文学史纲要》第十篇即以"司马相如与司马迁"为题，赞誉他们皆"雄于文者"。然而就史学史而言，则有称司马彪和司马贞为"两司马"的（胡应麟：《华阳博议》，《少室山房笔丛正集》卷二二）。另外又有以史家"两司马"指司马迁、司马光者。如明人李东阳《韩信论》说："（韩）信之事，两司马论之详矣。"（《怀麓堂集》卷三四）

司马迁和司马光是中国古代史学史上具有时代高峰意义的大家，有人称之为"汉宋两司马"（储大文：《濩泽田公文集序》，《存研楼文集》卷一一）。他们的史学实践都曾经面对史学工作条件的重大改善。

在司马迁撰作《太史公书》即后来通称《史记》这部史学经典的时代，纸这种书写材料刚刚出现，成为发明史上辉煌的一页。邢义田先生曾经以实验方式，测定了汉代竹木简的体积和重量，进而讨论简册的书写姿态、编联方式、保存制度等等，提出了不少新的认识。他考察司马迁《史记》以简牍为书写材料形成的篇幅，若以木简的重量计，"达 43.7—48.1 公斤，甚至 55.9 公斤。如以新鲜的竹简计，则达 58.33 公斤；用新鲜红柳简则更重达 101.62 公斤！"以 13855 枚简抄成的《史记》，其体积约达一百八十倍，即 284310 立方公分左右"，"汉代一部竹木简抄写的《史记》本文，体积上约为现代含三家注本《史记》约九十六倍！""如果仅计白文，汉代竹木简本的《史记》体积是现代纸本的二百二十五倍！""也就是说，现在在书架上放一部不含注解的《史记》白文，在汉代就须要最少二百二十五倍的空间"（《汉代简牍的体积、重量和使用——以中研院史语所藏居延汉简为例》，《地不爱宝：汉代的简牍》，中华书局，2011 年，第 1 页至第 50 页）。甘肃天水出土年代为文景时期的放马滩纸，纸面平整光滑，有用细墨线描绘的山川道路图形。考古发现年代稍晚但仍相当于西汉中期的古纸，还有灞桥纸等。有人说，敦煌悬泉置遗址还发现了汉武帝时代的纸文书（《中国考古学·秦汉卷》，中国社会科学出版社，2010 年，第 742 页）。司马迁时代纸虽然尚未全面普及，但以他在朝廷文化中枢部门工作的身份，不会接触不到这种民间墓葬和普通遗址曾经出土的已为普通人所使用的书写材料。没有迹象表明他撰写《史记》已经改变了不免辛劳的旧式简牍书写方式，但是也不能绝对否定他曾经使用过纸。不过，司马迁对于史学的重要推进，《史记》史学经典地位的形成，似乎并未借助纸的使用。

司马光编纂《资治通鉴》的时代，则面临中国文化史上的又一次革命，即印刷术的进步。司马光生于 1019 年，毕昇时已 49 岁。《资治通鉴》成书时，活字印刷术应当已经问世。然而至今未闻印刷术的进步对于司马光的创造性工作提供了怎样的便利。

也就是说，《史记》和《资治通鉴》史学成就的伟大，似乎并没有表现出与学术条件的技术性进步有直接的关系。

（二）史学的手段进步与史学的学术进步

回顾史学进步的各个关键点，技术层面的进步，似乎都并没有形成显著的决定性推进力。也许计算机技术与此前的学术手段进步有很多不同，但是要断言这种技术提升会在很大程度上改变史学的学术走向或说形成革命性的积极影响，除了开发想象力之外，还需要实践的证明。

过去史学学者做学问，爬梳史料的功夫，主要是靠卡片的制作。据说陈登原教授曾经教导学生，每天抄若干卡片，积功数十年，自然可以成就大学问。有人说，陈直教授去世时，留下 40 多个大信封，应当都是有所思考、准备进行研究的课题。其中盛装的，大概都是与研究主题相关的史料摘抄卡片。

这种已设定主题之下的资料搜集，现在可以利用计算机技术替代，节省我们的时间，减轻我们的辛劳了。

利用计算机查找相关资料，现在已经是大家通常的工作方式。记得我第一次尝试采用这种方式写作，是完成拙著《中国盗墓史》时。承陈爽教授热心帮助，为我检索二十四史中有关"陵""墓""冢""坟"的资料。说来至今深心感激，我使用的第一台电脑，就是陈爽帮我"攒"的。他帮我检索有关盗墓的资料，是借助台湾"中央研究院"的"瀚典"。当然这一检索系统也是以中华书局标点本二十四史为文献基础的。陈爽的帮助当然提高了写作效率和研究质量，但是后来回想，注意到当时采用的这种工作方式仍然有明显的不足：1. 当时尚不具备检索《四库全书》等较大规模文献集成的条件，未能得到二十四史以外诸多文献更为充备的相关信息；2. 以"陵""墓""冢""坟"为线索得到的资料，远非盗墓史相关信息的全部，如《三国志》卷六《魏书·袁绍传》裴松之注引《魏氏春秋》载袁绍《檄州郡文》曰："……又梁孝王，先帝母弟，坟陵尊显，松柏桑梓，犹宜恭肃，而（曹）操率将校吏士亲临发掘，破棺裸尸，略取金宝，至令圣朝流涕，士民伤怀。又署发丘中郎将、摸金校尉，所过堕突，无骸不露。"所谓"署发丘中郎将、摸金校尉"这一盗墓史的典型情节可以因"坟""陵"的检索得知。然而《宋书》卷七《前废帝纪》"以魏武帝有发立中郎将、摸金校尉，乃置此二官，以建安王休仁领之"与《南史》卷二《宋本纪中·前废帝》"以魏武有发丘中郎将、摸金校尉，乃置此二官，以建安王休仁、山阳王休祐领之"的记载，则不能通过"陵""墓""冢""坟"诸字的检索得知。相关类似情形，一定还有一些。

便捷获得史料以提高研究效率，自然为历史学学者深心向往。就此而言，古来类书的编纂，提供了一些方便。洪业先生经营的"引得"的编制，是尤其重要的贡献。但是大家都知道，即使全文逐字检索实现，理解文献的历史文化内涵，依然是研究者第一位的工作。虽然检索手段越来越先进，但是检索的主题，必须由研究者凭借主观判断来选定。学术见识的水准，往往可以于此体现。如果选定范围过窄，遗漏了重要信息，不免遗憾。而选定检索目标过宽，形成海量的检索结果，也会使人无所措手足。

计算机技术在史学领域已经应用有年，现今已极少有史学学者不使用计算机工作。然而通过近期的史学观察可以得知，实现有显著推进性的突出学术进步的主要因素，似乎是先进思路的开拓和新出资料的公布，并不在于计算机技术作为研究手段的简单应用。

关于学术工具的意义，可以回顾这样一个故事。元代学者许有壬得到朋友赠送的以未央宫汉瓦制作的好砚，感激之余，又谦称"芜学"，表示自己的才质拙劣，并不能使用此"利器"完成美好的作品："惠然匦送感高义，但惜所与非所宜。公才真是谪仙裔，善事利器方相资。嗟予芜学忝词馆，虽有此器无能为。"（《李惟中学士自西台侍御召入以未央宫瓦砚为贶作此谢之》，《至正集》卷一一）借用许有壬自谦之语，可以说史学研究如果只有可以称作

"利器"的优异手段，而缺乏高明识见，则必然是"虽有此器无能为"的。

（三）"器"与"史识"

史学的突出成就，除了沉静踏实的工作、甘心"坐冷板凳"的精神、面对青灯古卷的辛劳而外，也需要灵性，需要思辨能力，需要创新追求，在一定意义上，也需要艺术素养与美学理念。从这几个方面来说，计算机技术都是无法完全替代的。而后者的优异表现，人们常称之为"史识"。"史识"是"史才"修炼必然的追求和必备的条件。

刘知幾说："夫史才之难，其难甚矣！"（《史通·核才》）又说："史才须有三长……三长谓才也，学也，识也。夫有学而无才，亦犹有良田百顷，黄金满籝，而使愚者营生，终不能致于货殖者矣。如有才而无学，亦犹思兼匠石，巧若公输，而家无楩柟斧斤，终不果成其宫室者矣。犹须好是正直，善恶必书，使骄主贼臣所以知惧，此则为虎傅翼，善无可加，所向无敌者矣。"（《史通·原序》）对于历史论著的品级，明代学者章潢以为合理的评判条件也是"史识、史才、史学三者"（《图书编》卷一〇，文渊阁《四库全书》本）。

"子曰：'工欲善其事，必先利其器。'"（《论语·卫灵公》，《汉书》卷二三《刑法志》引）"善""事"的向往，往往导致"利""器"的追求。计算机技术，就是今天学术的"利器"。不过，如果只凭借工具的优化和技术

的提升，而缺乏"才""学""识"的修养和锤炼，则好比
"有良田百顷，黄金满籝"，"犹思兼匠石，巧若公输"，仍
难以获得真正的成功，"终不能致于货殖"，"终不果成其
宫室"，距离"为虎傅翼，善无可加，所向无敌"的境界，
当然更为遥远。

　　《西游记》中孙悟空手中"重一万三千五百斤"的
"如意金箍棒"就是这种寄托了古人对奇效工具之向往的
神异"利器"。孙悟空最初见到，就"心中暗喜道：'想必
这宝贝如人意！'"果然这"海藏中"的"神珍铁"可以
"变做个绣花针儿，藏在耳内"，也可以随意而"长"，甚
至"上抵三十三天，下至十八层地狱"。不过，这"宝贝"
的变化，却要"如"猴王之"意"，要凭借孙悟空的"神
通"。按孙悟空自己的话说："物各有主。这宝贝镇于海藏
中，也不知几千百年，可可的今岁放光。龙王只认做是块
黑铁，又唤作天河镇底神珍。那厮每都抬扛不动，请我亲
去拿之。那时此宝有二丈多长，斗来粗细，被我挝他一把，
意思嫌大，他就小了许多；再教小些，他就又小了许多；
再教小些，他就又小了许多……"（《西游记》第三回《四
海千山皆拱伏，九幽十类尽除名》）这一讲"物"和"主"
关系的神话故事或许可以理解为认识学术工具与学术家关
系的寓言。

　　显而易见，计算机技术的应用毕竟为我们的史学研究
提供了便利，提高了效率。开掘相关方法以更好地服务史

学学术的进步，无疑是应当鼓励的。

可以说，我们今天还难以预想电子技术和信息科学未来的进步。也许这种进步会突破许多成见，开拓超出我们现今想象的新的学术空间和学术路径。那么，我们也只能面对当时的情形决定当时的工作方式。陈寅恪先生曾经以拟首联"孙行者"求对的方式作为试题，据说有应答"胡适之"者。就我们完全无法准确预想的计算机技术进步而言，大概且"行"且"适之"，是比较合理的态度。

原题《"史识"与计算机"利器"》，载于《史学月刊》2015年1期

竹枝词的文化品质

竹枝词原本是巴渝山区民间歌咏形式，在唐代始见诸文字，起初有"蛮俗""夷歌""俚词""其声伧佇"的说法。自刘禹锡、白居易等借用传统竹枝体而又造新词起，其平易朴实的风格明显影响了知识人的文学创作。诗家争相仿拟，一时清新之风吹拂诗坛。白居易《听芦管》诗："幽咽新芦管，凄凉古竹枝。似临猿峡唱，疑在雁门吹"，"云水巴南客，风沙陇上儿。屈原收泪夜，苏武断肠时。仰秣胡驹听，惊栖越鸟枝。何言胡越异，闻此一同悲"。大约竹枝词的传唱，已经由"巴南""猿峡"，扩展至"雁门""陇上"。无论南北之别，"胡越"之"异"，都同样受到这种艺术形式的感染。至于晚近，则更有"南迄僮僚，北届蒙古，均有《竹枝词》"的说法。竹枝词至明清时期已经得到空前普及。诗人们以此作为表抒历史情感、文化观念、社会思想以及乡土意识的习用形式。

竹枝词从发生到兴起，作为一种文学现象，最显著的特点是实现了诗歌形式的平实化。竹枝词作品往往文辞平易，内容朴质，常常可以生动表现出民众的真实心态。明人张遂辰《西湖竹枝词》所谓"暖风活水亦多情"，也可借以作为许多竹枝词新鲜活泼风格的写照。若干反映社会真实生活的佳作，其中既涌动着澄净的生活清泉，又鼓荡着炽热的感情暖流。竹枝词作为形式和内容都注意取法民歌的文学体裁，作者可以较少虚伪矫饰，较多真情直言，就反映较广阔社会层面的思想史和文化史的价值而言，无疑更为可贵。

数量浩繁的竹枝词，堪称社会史料和文化史料的宝库。例如杜濬的《竹枝词》："马上谁家白面郎，如何衣锦不还乡。点金扇底乌纱帽，归去听人讲报章。"原注："时传濑水一锦衣不识朝报，特延一西席讲解，此盖纪实事。"这段文字，可以看作有助于中国新闻史和中国文书史研究的资料。方文《都下竹枝词二十首》中又有反映清初法制形式的内容："新法逃人律最严，如何逃者转多添。一家容隐九家坐，初次鞭笞二次黥。"至于具有社会经济史以及阶级关系史资料价值的竹枝词，则更为多见。明末诗人宗谊的《村社竹枝词》又保存了乡间"社"的存在结构与活动特征的珍贵资料："辞神散火乱长街，有客迟回心性乖。争后争先嗔复笑，去消冷肉水茅柴"，"提灯社长唤邻家，今夜须教算莫差。某项某钱该某补，丝毫准折到棉纱"。王叔承《竹枝词十二首》写道："避人低语卜金钱，侵晓焚香拜佛前。"又如徐𤊻《竹枝词》："郎今去住无消息，暗掷金钱卜一爻。"葛征奇《寒食竹枝词》也说："未祝儿夫生富贵，先来祈子打金钱。"又如查奕照《福州竹枝词》："当昼尽眠侵夜起，金钱花底卜三更。"都记述了其具体形式今天已经鲜为人知的"卜钱"风习，曾经在民间广为流行。有些竹枝词分别描绘了不同社会阶层的生活状况。多种《渔家竹枝词》《舟人竹枝词》《田家竹枝词》《佃户竹枝词》，乃至《僧家竹枝词》《梨园竹枝词》《学堂竹枝词》等等，勾画出了多彩的社会史的画面。而《田间竹枝词》《蚕月竹枝词》《采茶竹枝词》《河工竹枝词》《栽秧竹枝词》等对劳动场景的具体描述，更为可贵。

中国古典诗歌多有以"咏史"为主题者。几乎没有一位诗人未曾吟诵过咏史诗。由此也体现出中国文化重古慕古的传统。历代竹枝词中也多有咏古之作。如苏轼《竹枝词》凭吊屈原诗句："水边击鼓何喧阗，相将叩水求屈原。屈原死已今千载，满船哀唱似当年。"又有对项羽事迹的追述："三户亡秦信不虚，一朝兵起尽欢呼。当时项羽年最少，提剑本是耕田夫"，"横行天下竟何事，弃马乌江马垂涕。项王已死无故人，首入汉庭身委地"，"富贵荣华岂足多，至今唯有冢嵯峨。故国凄凉人事改，楚乡千古为悲歌"。对英雄成败的感叹，也透露出富有历史哲学意味的思考。

苏辙《竹枝词》有"俚人风俗非中原"句。反映汉族以外其他民族生产方式与生活情状的竹枝词作品，如《黔苗竹枝词》《猺獞竹枝词》《土番竹枝词》《西藏竹枝词》《蛮峒竹枝词》《回疆竹枝词》等，作者的观察视线，对不同地域诸多少数民族的文化习俗进行了历史扫描。这些少数民族生活史的记忆，如果用文化人类学和历史人类学的方法分析，可以获得诸多有价值的信息。

原载于《中国投资》2009 年 7 月号

关于清代海外竹枝词

在中国文学遗产的宝库中，历代"竹枝词"其实是具有特殊价值、然而一向没有得到认真整理和充分重视的文化瑰宝。

以"竹枝词"为形式的诗作中，文字存留至今者尚有数万首之多，而其中数量最为繁浩者，是清人的作品。

中国文化在清代开始面临与西方文化最激烈最直接的冲突。当时的人们，已经不能不正视新的文明形式对于传统生活的空前强烈的冲击，不得不认真考察以往所谓"蛮夷之邦"的惊人历史变化的背景及其原因。清代"竹枝词"中多有吟诵外国情事者，正表现出这一特殊历史时代的文化印迹。

我们所看到的清代海外"竹枝词"，作者的笔端，或亚洲而欧洲，或东洋而南洋，有的诗作甚至对于美洲民情风习也有详细的描绘。有的作品，对于当时执政者可以看作关于外国国情的生动的考察报告；对于民间，则具有外国地理与外国历史的通俗教材的意义。除了有关各国山川风土的记述可以反映当时中国人的世界观念和世界知识、因而具有重要的历史文化意义而外，人们还发现这些诗作大多表现出这样的共同特点，即作者往往真切记述了处于另一文化体系之中时自身的新鲜感受。特别是有些作者通过对先进国家文化风貌的认识和理解，"而新旧同异之见，时露于诗中，及阅历日深，闻见日拓，颇悉穷变通久之理，乃信其改从西法，革故取新，卓然能自树立"（黄遵宪：《〈日本杂事诗〉自序》，王利器、王慎之、王子今辑：《历代竹枝词》，陕西人民出版社，2003年，第4册，第3091页）。于是，清代海外"竹枝词"无疑亦以其有益的启迪作用而表现出不宜低估的现实意义。

《清代海外竹枝词》辑录的"竹枝词"作品共计18种：

尤侗：《外国竹枝词》；

徐振：《朝鲜竹枝词》；

福庆：《异域竹枝词》；

丐香：《越南竹枝词》；

柏葰：《朝鲜竹枝词上下平三十首》；

何如璋：《使东杂咏》；

黄遵宪：《日本杂事诗》；

四明浮槎客：《东洋神户日本竹枝词》；

寄所托斋戏编：《海外竹枝词》（潘乃光：《海外竹枝

词》,《历代竹枝词》, 第 4 册, 第 3214 页至第 3226 页);

　　局中门外汉:《伦敦竹枝词》;

　　濯足扶桑客:《增注东洋诗史》;

　　郭啸麓:《江户竹枝词》;

　　潘飞声:《柏林竹枝词》;

　　陈道华:《日本竹枝词百首》;

　　姚鹏图:《扶桑百八吟》;

　　单士厘:《日本竹枝词》;

　　郁华:《东京杂事诗》;

　　忏广:《湾城竹枝词》(王慎之、王子今辑:《清代海外竹枝词》, 北京大学出版社, 1994 年)。

这 18 种记录海外见闻的"竹枝词", 共计 1370 首, 当然只是此类文化遗产中的一部分。由于作者文化立场、文化资质和文化阅历的不同, 诗作的风格与水准自然不能一致。其中有甚至为"日人推为巨制"(姚鹏图:《扶桑百八吟》) 的黄遵宪的《日本杂事诗》。然而也有后人批评其"见识与趣味均及卑下"(周作人对四明浮槎客《东洋神户日本竹枝词》的批语) 的篇什。对于外国文化形式的描述, 也不免有道听途说, "以耳为目"者, 也有"其时海禁未开, 但知求之故籍, 故多扣盘扪籥之谈"(橐甫:《〈伦敦竹枝词〉跋》,《观自得斋丛书别集》) 的情形, 对于外国社会文化的介绍抑或有失实之处, 原因或许就在这里。这些现

《清代海外竹枝词》书影

象作为体现当时文化条件的一种信息，仍然有值得重视的意义。至于诗句间有时流露出来的盲目自卑或盲目自大的民族心理倾向，相信今天的读者可以站在科学的立场上作出正确的分析。

清人"竹枝词"作品中，其实还有一些可能也应当归入"海外竹枝词"的，例如：

查礼：《题德慎斋安南竹枝词后》（《铜鼓书堂遗稿》卷一五，《历代竹枝词》，第 2 册，第 982 页至第 983 页）；

白毫子：《龙编竹枝词》（《泰山丛书》第四十三册《仓山诗集·北行集》，《历代竹枝词》，第 3 册，第 2577 页）；

王芝：《自云南腾越历诸土司地度野人山至缅甸蒲甘中作中全章干厓竹枝词》（《樵说续》卷七，《历代竹枝词》，第 5 册，第 4006 页）；

王芝：《野人山竹枝词》；

王芝：《新街竹枝词》；

王芝：《缅甸竹枝词》（《永昌府文征·诗》卷三，《历代竹枝词》，第 5 册，第 4006 页至第 4007 页）。

此外，志锐的《张家口至乌里雅苏台竹枝词一百首》（《廓轩竹枝词》，《历代竹枝词》，第 4 册，第 3157 页至第 3183 页）中的部分内容也涉及今天的蒙古人民共和国地域。

随着"竹枝词"整理工作的完善，还会有新的"海外竹枝词"或者"外国竹枝词"得到发掘。对这些文化遗存的研究，将促成对世界历史的深入认识，将促成对中国人的世界意识的深入考察。

《〈清代海外竹枝词〉前言》，王慎之、王子今辑：《清代海外竹枝词》，北京大学出版社，1994 年

第五辑　简端杂记

说"智生于忧患"

　　"逝者如斯夫，不舍昼夜。"古代哲人用江河比喻历史的流程，确实十分贴切而生动。历史江河的水文状态，一如自然的江河。有的河段宽缓，有的河段狭急，或则"潮平两岸阔"（王湾《次北固山下》，《国秀集》卷下），或则"激湍涛汹涌"（唐庚《寄郭潜夫》，《眉山诗集》卷二）。在漫长的历史进程中，各个不同阶段，生活节奏的速率不同，历史创获的总量不同，文明之光的亮度不同。可以说，人们对于人类智慧宝库所增益的内容也是不一样的。

　　历史上智慧的表现，为什么会有这样的差异呢？

　　"智慧史"也许是文化史、知识史、科学史和发明创造史研究者应当关注的一个主题。

　　回顾历史，智慧的生成，智慧的发挥，智慧的积累，可能有复杂的因素。考虑这样的问题，宋代文化巨人苏轼的意见或许可以给予我们重要的启示。他在《东坡易传》卷六写道："凡人智生于忧患，而愚生于安佚。"说智慧因忧患而生，愚昧因安佚而生。另一位宋人李昭玘也说"智生于忧患"，然而与其对应的，是"祸见于已形"（《乐静集》卷五《记陵冢》）。南宋人张九成则说："抑又闻之，天下之智生于忧患而死于安乐。"（《横浦集》卷一六《送陈朝彦序》）张九成的话，推想源出《孟子·告子下》语："入则无法家拂士，出则无敌国外患者，国恒亡。然后知生于忧患而死于安乐也。"苏轼等人指出"智生于忧患"，已转孟子之意，注意到"智"之生成的条件在于"忧患"，也算是对智慧的历史表现的一大发现。

对"智生于忧患"的理解，第一层涵义，就历史人物来说，"忧患"可以磨砺意志、锤炼精神，修养心性，激发社会个体的智慧。张九成在发表"天下之智生于忧患而死于安乐"的论点之后，又说："故德慧术智乃起乎疢疾。"随即阐发《孟子·告子下》"天将降大任于是人也，必先苦其心志，劳其筋骨，饿其体肤，空乏其身，行拂乱其所为，所以动心忍性，曾益其所不能"语意。接着又写道："顽嚚傲很，乃成大舜。险阻艰难，乃出晋文。岂天之成就人才，每以困苦为造化乎！"（《横浦集》卷一六《送陈朝彦序》）司马迁亦早已有关于"忧患""困苦"可以"成就"智慧的升华论述："昔西伯拘羑里，演《周易》；孔子厄陈蔡，作《春秋》；屈原放逐，著《离骚》；

左丘失明，厥有《国语》；孙子膑脚，而论《兵法》；不韦迁蜀，世传《吕览》；韩非囚秦，《说难》《孤愤》；《诗》三百篇，大抵贤圣发愤之所为作也。"（《史记》卷一三〇《太史公自序》）所谓"智生于忧患"的第二层涵义，也许是关心历史的人们应当更为重视的，这就是通过对社会文化的发展过程的观察，可以发现，"忧患"可以激发社会智慧的发生和盛起。经过社会历史的动荡，激烈的锻淬，往往使得社会广大层面的智慧得以焕发。有熟悉中国历史的政治家称，在这样的历史时期，"事态百变，人才辈出，令人喜读"（毛泽东：《〈伦理学原理〉批注》）。所谓"人才辈出"，就是说社会智慧闪光点的亮度和密度都十分可观。

《庄子·缮性》发表"古之治道者，以恬养知"的理念。又提出所谓"以知养恬"，主张"知与恬交相养"。"知"就是"智"。宋代文学家杨万里又说："智生于仁。"（《诚斋集》卷九三《庸言八》）这些意见似与"智生于忧患"有所不同，然而都是从不同角度对智慧发生学的思考。"以恬养知"之说和"智生于人"之说，指出了智慧应当有道德的基础和文化的氛围。只是这些认识，较之"智生于忧患"的历史发现，毕竟是另一层面的历史理解。

原载于《光明日报》2011 年 2 月 25 日；《"智生于忧患"》，《北京日报》2012 年 10 月 15 日第 19 版

大学最好的风景是书的园林

对中国大部分地方来说，游春赏花的季节快到了。南国春早，"胜日寻芳"现在正当其时。据说对花繁春艳自我宣传比较到位的华南农业大学校园已经游人如织。其他如厦门大学、武汉大学、北京大学等高校都会因为名校名风景，陆续热闹起来。

我们知道，来到大学的游人们并不都是观赏多姿多彩的自然风光的。有些家长带着孩子，是希望他们在校园里体验一种文化风景。在大学校门和图书馆前的留影，寄托着父母们对孩子教育前景的期望。图书馆，对了，图书馆确实是大学最富有春意的地方。

大学最好的风景是书的园林。一个好的大学必然有一个好的图书馆，一个一流的大学，必然有一个一流的图书馆。图书馆藏书的充实，环境的静美，气氛的生动，可以使读者在"如坐春风"般的感觉中，通过一页一页的学与思成为学者。图书馆里有马克思的故事，也有毛泽东的故事。每一位读书人，其实也都有自己的图书馆故事。

大学另一处美好的景致是书店。我们都一定记得读书时在书店里邂逅好书，领略惊喜，发现新的学术路径，展开新的学术畅想的情形。

书店在西汉长安已经出现。思想家文学家扬雄在《法言·吾子》中已经说到"书肆"。记录汉长安城地方制度和文化风俗的《三辅黄图》一书中，有关于特殊的文化场所"槐市"的文字。据《艺文类聚》卷三八引文："列槐树数百行为隧，无墙屋，诸生朔望会此市，各持其郡所出货物及经传书记、笙磬乐器，相与买卖。雍容揖让，论说槐下。"都城中有以槐树林为标志的专门设置的开放空间，国家官学的学生们在月初和月中聚会在这里，以家乡地方特产以及"经传书记、笙磬乐器"彼此交换，"相与买卖"。这样定时交易的图书和其他文化用品市场，参与流通者是特定的人群，所谓"雍容揖让，论说槐下"，形容了这里特殊的文化气氛。唐代诗人刘禹锡写道："槐市诸生夜对书，北窗分明辨鲁鱼。"（《秋萤引》，《刘宾客文集》卷二一）颂扬了"槐市"的文化品质。又如宋代诗人葛胜仲诗："旧直蓬山无俗梦，今官槐市有清阴。"（《近蒙夏蒙夫教授用赠太守韵见贻辄复和答》，《丹阳集》卷二〇）"槐市"风景竟然与仙境比况。周必大也曾经写道："君不见，汉京辟雍载《黄图》，博士直舍三十区，分行数百曰槐市，下有诸生讲唐虞。"（《龙泉李宗儒师儒兄弟槐荫书院》，《文忠集》卷四三）似乎"槐市"的商业色彩其实相对淡薄，而学术气氛比较浓烈。岳麓书院"潇湘槐市"匾额，就是对文化重心所在的表扬。诗人或以"槐市"与大教育家孔子的讲堂"杏坛"为对，或以"槐市"与国家图书收藏机关"兰台"为对，也体现出这样的认识。如："雾中槐市暗，日出杏坛明"（欧阳修：《早赴府学释奠》，《文忠集》卷五六），"但见中年隐槐市，岂知平日赋兰台"（苏轼：《次韵徐积》，《东坡全集》卷一五）。现在的高校，也有临近毕业的学生把图书等通过交易方式留给低年级同学的情形。人们印象更深的图书流通场所，应当是书店。在这里可以浏览多种书籍。东汉已经有学问家在"书肆"启动学业的事迹。《后汉书·王充传》记载："（王充）家贫无书，常游洛阳市肆，阅所卖书。一见辄能诵忆，遂博通众流百家之言。后归乡里，屏居教授。"王充完成的文化名著《论衡》，在学术史上具有里程碑的意义。他的学术基础的最初奠定，竟然是在洛阳"书肆"中阅读"所卖书"而实现的。东汉还有一位在书店读书实现学术积累的著名学者。《太平御览》卷六一四引司马彪《续汉书》曰："荀悦十二能读《春秋》。贫无书，每至市间阅篇牍，一见多能诵记。"荀悦后来成为有成就的历史学家。他所撰写的《汉纪》，是汉史研究者必读的史学经典。

书业经营者可以成为学者的朋友。鲁迅文化生涯中的许多情节就体现他和书店十分密切的关系。近二三十年，北京大学的教员和学生，应当大都从"风入松""万圣""汉学"等书店汲取过学术营养，提升了文化品味。可惜这些书店后来的步伐都走向黯淡。北京师范大学东门附近的"盛世情"书店受到几代学者的喜爱。我们在书林中的心理经历，有寻觅的急切，有获得的喜悦，超出自己所关注的学术方向时，还会获得意外的收益。高大的书架间隔逼仄，读书人的精神空间却无比广阔。偶尔在这里巧遇学友，更是满怀欣喜。"盛世情"书店的继续存在，前段时间面临危机，现在经营者仍在艰苦地坚持。

真的希望学校的领导者在用心于校园内花花草草的同时，也关注一下提供书香的这些特殊的文化构成因素。希望那些能下狠厉手段解决"天际线"问题的市政领导，也关注一下为城市提供清新空气的精神园林。眼下有一个时髦的语汇叫"学区"。"学区房"租金已是天价。要知道"学区"的形成应当有必要的文化环境。"学区"的文化经营，至少不能倒退。如果文化园林荒芜了，没有了思想的清风，学子们只能呼吸雾霾，那将是何等悲凉的情景。

原载于《中华读书报》2018 年 3 月 21 日第 5 版

崔家的"豆瓣酱"

　　译，不易。而涉及古代文献则更为困难。有人说，"严格说来，翻译是不可能的"（《林以亮论翻译》，志文出版社，1974年），是有一定道理的。翻译史上的大家每每强调历史文化知识对于翻译的意义。马建忠《拟设翻译书院议》提出翻译人才应"长于汉文"，"长于古文词"（《适可斋记言》卷四）。严复《与梁任公论所译〈原富〉书》说，"吾译正以待多读中国古书之人"，贺麟论严氏译书，说到"一面介绍西学，一面仍不忘发挥国故"的特点（《天演论》下卷论一二）。中国古代文献译为西文，学者以为殊难。王国维曾经说，"中国语之不能译为外国语者何可胜道"（《书辜氏汤生英译〈中庸〉后》，《海宁王静安先生遗书》卷一五）。而我们这里要指出的，是西文中涉及的"中国古书"或"国故"的内容，再回译为中文，有时亦难免差错。陈乐民先生曾经发表《难哉译事》一文，就法国学者谢和耐的一部书的由英译本转译的中译本，说到如果有人把中国古代文献的内容"译成白话，然后又直译成英文；现在再把英文变回来，与原文就合不到一起了"的情形，而如果"译者国学修养有所欠缺"，将更可能影响译作的学术质量。他提出，遇此情形，"当然最好还是查出原文来"（《读书》1991 年 2 期）。这样的意见，显然是值得重视的。

（一）关于"豆瓣酱"

许倬云著《汉代农业：早期中国农业经济的形成》，程农、张鸣译，是影响颇广的刘东主编"海外中国研究丛书"中的一部（邓正来校，责任编委：刘东，江苏人民出版社，1998 年）。原著是汉史研究的经典，译文也大体简洁精当，捧读再三，收益颇多。然而译文中仍有可以商榷之处。例如，在第 6 章"农作之外的选择"中"生产与市场销售"一节谈到崔寔所著《四民月令》："《四民月令》里列举了为数众多的物品生产活动，这些生产一方面是为了满足家庭的消费，另一方面也为了能出售获利。该书现存的残篇中，有许多关于买卖粮食、衣服、布匹等等物品的描述。此外，《后汉书》有关崔寔生平的叙述里，也清楚地提到崔家制作和出售酒、醋和豆瓣酱等以增加家里的收入。《四民月令》里频繁地提到这些产品。崔家生产这么丰富多样的物品，当然不像封建庄园那样仅仅是为了满足自家的需要。《四民月令》标题中的'四民'指的是士子、农民、手工艺者和商人，这个标题其实已经意味着对市场经济的认可，与许多儒者所主张的自给自足的经济大相径庭。"这段论述，看起来原文语义清晰，译文亦明白流畅，似乎并没有问题。

然而，问题是存在的。问题在于"豆瓣酱"。

关于崔家制作和出售的"酒、醋和豆瓣酱等"，据说"《后汉书》有关崔寔生平的叙述里"曾经"清楚地提到"，又据说"《四民月令》里频繁地提到这些产品"。然而我们读《后汉书》卷五二《崔寔传》，只看到"资产竭尽，因穷困，以酤酿贩鬻为业"，竟然连"酱"字也没有出现，更无从说"豆瓣酱"了。《四民月令》中多处说到"酱"，然而除豆酱外，又有鱼酱、肉酱等。缪启愉《四民月令辑释》说："作酱是利用麴菌来糖化淀粉并水解蛋白质使产生氨基酸，因而产生鲜味。古代利用鱼、肉类的蛋白质作原料，现在则用豆类的蛋白质。"（农业出版社，1981年，第24页）《四民月令》还记载，有用榆荚（即榆钱）制作的"榆酱"。"榆酱"又见于《说文·酉部》。《白虎通义》则直接称之为"榆荚酱"。《太平御览》卷九三六引曹操《四时食制》："郫县子鱼，黄鳞赤尾，出稻田，可以为酱。"是饮食史著名的史料。《北堂书钞》同卷又说到"蟹胥之酱"，引张敞《答朱登书》云，朱登为东海相，遗敞蟹酱，敞报曰："谨分其赆于三老尊行者，曷敢独享也。"而《太平御览》卷四七八又引录《张敞集·敞答朱登书》："登为东海相，遗敞蟹酱，敞答曰：'蘧伯玉受孔子之赐，必以及其乡人。敞谨分斯赆于三老尊行者，曷敢独享之。'"对于所谓"蟹胥之酱"，《释名·释饮食》有这样的解释："'蟹胥'，取蟹藏之，使骨肉解之，胥胥然也。"《说文解字·肉部》说："'胥'，蟹醢也。"《周礼·天官·庖人》："共祭祀之好羞。"郑玄解释说："谓四时所为膳食，若荆州之鲉鱼，青州之蟹胥，虽非常物，进之孝也。"所谓"蟹胥之酱"，并非饮食常物，而作为珍稀的"青州""东海"地方特产，在当时是著名的"好羞"。《礼记·内则》说道："濡鱼，卵酱实蓼。"郑玄有注，可知汉代人对于这种"卵酱"是熟悉的。"卵酱"，应当是一种鱼子酱。孔颖达就解释说："'卵'谓鱼子，以鱼子为酱。"《论语·乡党》："不得其酱，不食。"汉儒马融解释说："鱼脍非芥酱不食。""芥酱"，可能是在制作时使用芥子作为原料。枚乘《七发》中说到"熊蹯之臑，勺药之酱"。"勺药之酱"，又写作"芍药之酱"，可能是采用芍药作为制作酱的香料。汉代又有著名的"枸酱"，见于司马迁《史记》卷一一六《西南夷列传》。《太平御览》卷九七一引《风俗通》："橙皮可为酱虀。"《周礼·天官·内饔》曾经说到"百羞酱物珍物"。汉代的"酱"，已经有许多品种。言酱则以为必"豆瓣酱"，是不符合当时情形的。

其实，许倬云关于崔家作酱一段文字下有注释，其中说道，"关于崔家酒、醋、酱等生意，见《后汉书》，第

52卷，页18a。"可见许倬云原文所说，可能只是"酱"，而并非"豆瓣酱"。"豆瓣酱"误译之所以发生，是以现在"用豆类的蛋白质"作酱的带有局限性的知识，遮蔽了当时制作和食用"百羞酱物珍物"的饮食史事实。译者如果落笔时翻阅一下《后汉书》和《四民月令》的有关内容，也许要好一些。

（二）关于"洗澡狂"

法国学者谢和耐著《蒙元入侵前夜的中国日常生活》，有刘东译本，也列入"海外中国研究丛书"（责任编委：陈来，江苏人民出版社，1995年）。其中译文微疵，同样涉及中国古代文献的回译问题，也不妨指出，以利于讨论。如关于"个人卫生"一节，写道："在古代，上流社会中流行一种习俗，每10天洗一次澡，而'沐日'也可作为官员们归休不视政事的借口。在洗澡时不仅要洗净身体，还要洗净头发。为此，官员们的俸禄被称之为'沐食'；而有关洗浴的中文词也就得到了'十天一期'的涵义，'起先的洗浴日''中间的洗浴日''最后的洗浴日'分别意指一个月的上旬、中旬和下旬。"译者在文中插入了态度非常谦虚的注释："此句中文出处不详，权且直译出来，留待方家指教原文所本。"（第89页）这里所说的"起先的洗浴日""中间的洗浴日""最后的洗浴日"，当为古籍所见"上浣""中浣""下浣"或"上澣""中澣""下澣"。明代学者杨慎《丹铅总录》卷三《时序》"三澣"条写道：

"俗以上澣、中澣、下澣为上旬、中旬、下旬，盖本唐制十日一休沐。"如宋人陈之强《景文集序》："嘉定二祀三月上澣，郡文学陈之强序。"称"上浣"的文例，有《花月痕》第五十一回："时岁次乙丑，秋八月上浣，富川韩彝撰文，雁门杜梦仙书丹。"就连《现代汉语词典》中也可以看到这样的解释："唐代定制，官吏十天一次休息洗沐，每月分为上浣、中浣、下浣，后来借作上旬、中旬、下旬的别称。"（1996 年修订本，第 552 页）

关于"个人卫生"的内容中，又有这样一段文字："……还有一些洗澡狂，比如有位叫蒲承蒙（音译）的，他每日洗脸、洗脚、洗身各两次，一次大洗一次小洗。他洗浴时要由一大群仆人伺候，而且每洗一次要用五大桶热水。最后应提到的是一些迷信的人，他们无论如何也不愿在鼠日或兔日（the day of the Rat or of the Hare）沐浴，因为在这种日子洗澡被认为不吉利。"（第 91 页）今按："蒲承蒙"应为"蒲宗孟"。《宋史》卷三二八《蒲宗孟传》记载："常日盥洁，有小洗面、大洗面、小濯足、大濯足、小大澡浴之别。每用婢子数人，一浴至汤五斛。"而所谓"鼠日或兔日"，也以按照中国古代习俗，译作"子日或卯日"为好。

（三）文化符号：理解的歧误

美国学者 W. 爱伯哈德著《中国文化象征词典》（陈建宪译，湖南文艺出版社，1990 年），原名《中国文化符号词典——隐藏在中国人生活与思想中的象征》,《读书》杂志曾予介绍,说到"这部辞典是颇具启发性的","当使中国文化中的象征符号得到更广泛更深入的研究"(颜舜华,《读书》1990年11期)。然而其中译文的问题却是不能不指出的。

如"侏儒(Dwarfs)"条写道,"在古代文献里,提到了一些侏儒居住的地方。这些地方要么是在远东,要么是在极西端,总之,中国人对其不怎么了解。不过,据说在中国本土,也有一个地区(湖南的桃潮)发现了许多侏儒,这是朝廷弄臣的一个来源"。对于所谓"桃潮",译者注称:"这个地名是根据'Tao Chao'而拼音出的。"(第87页)其实,所谓"桃潮"正是"道州"。唐代道州贡侏儒是非常普通的文化常识。《旧唐书》卷一九二《隐逸列传·阳城》写道:"道州土地产民多矮,每年常配乡户贡其男,号为'矮奴'。"《新唐书》卷一九四《卓行列传·阳城》也记载:"州产侏儒,岁贡诸朝。"白居易又有著名的《道州民》诗,写道:"道州民,多侏儒,长者不过三尺余。市作矮奴年进送,号为道州任土贡。"

"妈祖(Ma-zu)"条译文如下:"妈祖是东南沿海地区特别崇拜的一个女神。她由'千里眼'与'顺风耳'伴随,住在蓬莱山上,专门营救海上遇难的渔民,1960年4月14日,台湾培康的妈祖庙中曾为她举行了一千零一岁诞辰庆典。"页下又有译者注:"培康这一地名为'Pei-kang'的音译。"（第 199 页至第 200 页）其实，"Pei-kang"应即北港。马书田著《华夏诸神》关于"妈祖"的篇章写道，"妈祖在台湾极受崇拜"，"由于妈祖'神迹尤著'，台湾的妈祖庙、天妃宫竟多达五六百座。如北港镇的朝天宫，香火极盛，每年前来烧香保平安的达一百万人以上！"（北京燕山出版社，1990 年，第 103 页）马著较陈译《中国文化象征词典》早出 4 个月，可能译者未能看到此书。

《中国文化象征词典》地名的误译，又见于"狼（Wolf）"条下的这段文字："在中国北方的俄德地区，流传着一个弃婴被狼收养，并给这孩子后来的生活提供指导的故事……"译者注："'俄德'为'ordos'一词音译。"（第 354 页）译者的疏误在这里达到令人吃惊的地步。因为"ordos"显然是应当译作"鄂尔多斯"的。

所谓"一个弃婴被狼收养"的传说，见于《史记》卷一二三《大宛列传》。张骞向汉武帝介绍乌孙，说到乌孙王昆莫出生而被"弃于野，乌嗛肉蜚其上，狼往乳之，单于怪以为神，而收长之"，后来终于强兵复国，"匈奴遣奇兵击，不胜，以为神而远之"的故事。《汉书》卷六一《张骞传》也有大致相同的内容。如果"鄂尔多斯"所译不误，"狼（Wolf）"条下的译者注不出现"音译"之说而引录古籍有关文字，自然可以给读者有益的帮助。

在"蓝（Blue）"条下，我们看到这样的译文："蓝脸的'魁星'是文学之神，他是一个由于仕途失意而自杀的书生，常以蓝脸出现。阎王之一的建斋，也常被描述为蓝眼红发；人死去四十九天之后，在追悼的祭祀品上方，就挂着一张建斋王的图画。"译者注又有这样的解释："建斋为 Jian-Zhai 一名的音译，原名未能查出"（第 31 页）"建斋"这样的译法显然是不可以的。"Jian-Zhai"，疑心可能是指"地藏"。"地藏"是梵文 Kṣitigarbha 的意译，音译为"乞叉底蘗婆"。所谓"魁星""是一个由于仕途失意而自杀的书生"的说法，是与"钟馗"传说混淆，可能是"魁""馗"同音的缘故。原著的这一错误，如果译者注中能够指出，自然有益于读者。

关于神名的译法，又有"猪〔Pig〕"条下译文所谓"玄坦神"："有个少数民族契丹，曾于公元 916 年至 1122 年统治着中国北方的广大地区，它的祖先据说长着个猪头。由于这个原因，契丹人似乎不吃猪肉。中国的穆斯林也不吃猪肉，因为这是伊斯兰教的一个普遍教规。由于玄坦神是个穆斯林，因此没有人以猪肉向他献祭。"译者注中又有这样的说明："玄坦神为'Xuan-Tan'的音译。"其实，"Xuan-Tan"应译作"玄坛"，玄坛神即财神赵玄坛，亦称赵公明或赵元帅。清人顾禄《清嘉录》卷三"斋玄坛"条云写道："俗以三月十五日为玄坛神诞，谓神司财，能致人富，故居人多塑像供奉。或谓神回族，不食猪肉，每祀以烧酒牛肉，俗谓斋玄坛。"神话学者吕微指出，《清嘉录》描述的只是清代苏州的地方民俗，但同样以财神为回民或伊斯兰教徒的说法也流传于京、津、沪等大城市。以财神及其侍者为回族人，暗示了财神信仰背后隐含着中、西交往的文化背景。（吕微：《中国的财神信仰》，北京，学苑出版社，2001年）

在"六（Six）"条下，有这样的文字："中国古代百科全书《吕氏春秋》中有'六河'和'六皇'的说法……"（第297页）查《吕氏春秋》，未见"六河"及"六皇"之说。《吕氏春秋·有始》："天有九野，地有九州，土有九山，山有九塞，泽有九薮，风有八等，水有六川。……何谓'六川'？河水，赤水，辽水，黑水，江水，淮水。"又《吕氏春秋·当务》："备说非六王、五伯，以为'尧有不慈之名，舜有不孝之行，禹有淫湎之意，汤、武有放杀之事，五伯有暴乱之谋。世皆誉之，人皆讳之，惑也'。故死而操金椎以葬，曰'下见六王、五伯，将戮其头'矣。"可见，"六河"应译"六川"，"六皇"应译"六王"。

也有虽然没有找到古籍中的原文，然而"音译"恰好得其正义的情形。例如，关于"瓦（Tile）"的内容中，说到一种鱼。译文作："'瓦剌'据说是一种在遥远的西海中发现的鱼。由于这种鱼长久呆在暗处，所以眼睛变成了昏暗的，不过一出水就会发亮。'瓦剌'的喻意为鳄鱼眼泪。歌妓有时称作'瓦剌'，因为她们的爱是虚假的。"译者注："'瓦剌'一词为Wa-la的音译。"（第328页）清人梁绍壬《两般秋雨盦随笔》卷一有"瓦剌"条，其中写道："西海有鱼，名'瓦剌'，其目入水则暗，出水则明。凡物皆动下颏，此鱼独动上腭。见人远则哭，近则啮，故西域人称假慈悲者曰'瓦剌'。"当然，如"瓦剌"一例"音译"恰巧合于正解，是很难得的。以"瓦剌"称歌妓的说法，可能是作者的误解。清人翟灏《通俗编·妇女》写道："洪容斋《俗考》：瓦剌房人最丑恶，故俗诋妇女之不正者曰'瓦剌国'。汪价《俗雅》：今俗转其音曰'歪赖货'。"译者如果在译者注中引录梁绍壬的意见，并以《通俗编》的说法澄清"歌妓有时称作'瓦剌'，因为她们的爱是虚假的"之说，或许是适宜的。

（四）"原诗所备的种种好处"

《中国文化象征词典》中"花（Flowers）"条下写道："'百花齐放'的口号，可以追溯到非常古老的来源。在《诗经》中，我们可以看到下述这段准备洞房的描述：'我将荷叶撒在屋顶，将菖蒲与兰花挂在墙上。薄荷香满庭院，屋梁用的是香樟。墙上是贝，门上是木兰，屋脊上是芍药，各色藤蔓绕成了窗帘。地上铺着草毯，垫席上垂着白玉。兰花飘洒着香气，榛子与荷花缠绕，蝴蝶花与百合花交映：百花在园中开放。'"译注说："《诗经》上查不到原文，这里是据英文意译的。"（第114页至第115页）我们看这段文字，疑心是《九歌·湘夫人》中的一段文辞："筑室兮水中，葺之兮荷盖；荪壁兮紫坛，播芳椒兮成堂；桂栋兮兰橑，辛夷楣兮药房；罔薜荔兮为帷，擗蕙椆兮既张；白玉兮为镇，疏石兰兮为芳；芷葺兮荷屋，缭之兮杜衡；合百草兮实庭，建芳馨兮庑门。"

译之不易，众所周知。译诗则更难。茅盾曾经说："诗经过翻译，即使译的极谨慎，和原文极吻合，亦只能算是某诗的 Retold（译述），不能视为即是原诗。原诗所备的种种好处，翻译时只能保留一二种，决不能完全保留。"（《译诗的一些意见》，《时事新报》1922 年 10 月 10 日附刊《文学旬刊》第 52 期）中国古诗外译而后再回译为汉文，"原诗所备的种种好处"究竟还能"保留"多少，自然可想而知。因而遇到这种情形，无疑应当引录原作。

说到这里，想起吴玉贵译《唐代的外来文明》时的一段趣话。《唐代的外来文明》是声誉甚好的译作，美国学者谢弗著，吴玉贵译，中国社会科学出版社 1995 年 8 月版。第二章《人》中"奴隶"一节，开篇就引用了敦煌写本中的一首诗。吴玉贵译文作："汉奴为我管库仓，胡奴为我牧牛羊。腿壮奴隶随鞍蹬，身强奴隶耕耘忙。美貌奴隶娱琴酒，细腰奴隶舞且唱。侏儒捧烛食床旁……"谢弗写道："这首诗歌反映了一位野心勃勃的新郎的梦想，他渴望富家之主的显赫与奢华的生活。这首诗的英文译文是阿瑟·韦利根据敦煌写本翻译的。"（第 98 页）吴玉贵注："译按：查韦利原书，本段诗歌未注明出处。韦利书中翻译多出自《敦煌杂录》，又查《敦煌杂录》《敦煌变文集》等书亦未见有著录。正文中的汉译文是译者根据英文翻译的。"（第 121 页）据吴玉贵见告，《唐代的外来文明》出版后有热心读者来信，告知此诗题为《下女词》，自李季平《唐代奴婢制度》（上海人民出版社，1986 年）转引，原见刘半农《敦煌掇琐》，载于《中国科学院考古研究所特刊》第五号本，1957 年版。原文为："汉奴专如仓库，胡奴检校牛羊；斥脚奴装鞍接镫，强壮奴使力耕荒；孝顺（奴）盘鸡炙䐡，谄韶奴点醋行姜；端正奴拍筌篌送酒，丑掘奴添酥酪浆；细腰婢唱歌作舞，锉短擎炬子食床。"吴玉贵又有说明，"划线的部分是英文原文略去的"，"有些字可能有问题，如'专如'疑为'专知'，'锉短'后疑脱'奴'字"。可以看到，吴译与原文差距并不很大，原诗的韵味大体得以保留。可是，如此高水平的译家毕竟不多见。所以我们还是希望能够直接体味古人的原作。查《敦煌遗书总目索引》（中华书局 1983 年 6 月新版），有《下女文》（S.5643）、《下女夫词》（S.3877，S.5949；散 1585）、《下女词》（P.3350，P.3893，P.3909；S.5515），其中最后一例 S.5515，题《下女夫词》。

吴玉贵在无奈情况下被迫试译的成功，以及读者来信指示原作的热诚，可以传为译史上的一段佳话。这一故事也告诉我们，完成圆满的译作，实现所谓译者和原作者"心灵上的契合"，而这种契合可以"超越了空间和时间上的限制，打破了种族上和文化上的樊笼"（《林以亮论翻译》，志文出版社，1974 年），是何等的困难，又是何等的有意义。

本文指出了以上几种译著的若干瑕疵，其实，这里依然可以再次借用上文已经两次借引的翻译理论家林以亮的另一段话，对于译者介绍西方汉学家成果的劳苦，"我们连表示尊敬和感激都来不及。上面所举的例子，没有丝毫取笑的用意"（《林以亮论翻译》），前引陈乐民先生文中的话，以为心所共通，可以借用："写了这许多，好像有意挑毛病；其实无非想说明译事之难，绝无意苛责译者和完全否定这个译本。"其实，笔者以上见解，有些也是请教诸多学友如刘浦江、吴玉贵、吕微等先生方才形成的。上述意见，只不过想提醒翻译界学者注意，凡涉及中国古代文献之处，务请理解原文，查核原文，以避免由外文回译中国古代文献时出现文意的扭曲。尤其切忌在所谓"原名未能查出"时草率猜测，匆忙定稿，仓促出版，因为这时你的译作，实际上并没有完成。

原题《"豆瓣酱"与"洗澡狂"——翻译的故事与文化》，载于《中华读书报》2001 年 8 月 22 日

关于"仙人""王子今"：海外汉学论著的"古文词"汉译

　　自上古时代以来，"译"就是表现出重要作用的文化事业。《史记》卷六〇《三王世家》已经有政治成功则"远方殊俗，重译而朝，泽及方外"这种充满文化自信的话。汉武帝时代，司马相如文字已经有"康居西域，重译请朝，稽首来享"的宣传。《史记》卷一三〇《太史公自序》也说："泽流罔极，海外殊俗，重译款塞。"张骞西行，乌孙国曾经"发导译送骞还"。"导译"，应是向导和译人。汉王朝专有"译官令丞"和"九译令"设置（《汉书》卷一九上《百官公卿表上》），《汉书》卷八八《儒林传·周堪》亦见"译官令"职名。在上古丝绸之路上，"译"即承担着文化交流之必要中介的文化重任。据《汉书》卷九六《西域传》，鄯善、且末、精绝、扜弥、于阗、皮山、莎车、疏勒、姑墨、温宿、龟兹、乌垒、尉犁、危须、焉耆、卑陆、卑陆后、郁立师、单桓、蒲类后、劫、山、车师前、车师后等丝绸之路上的西域诸国都有"译长"即负责翻译的专职官员（《汉书》卷九六上《西域传上》《汉书》卷九六下《西域传下》）。《三国志》卷三〇《魏书·东夷传》又可见"译人传辞"的说法。

而文字翻译，对于文化的沟通尤为重要。马建忠很早就在《拟设翻译书院议》中提出，"造就译才"应选择"长于汉文"者。"拟请长于古文词者"，"专为润色已译之书"。工具书编写，要求"必取雅驯不戾于今而有征于古者，一一编录，即可为同文字典底本"（马建忠：《拟设翻译书院议》，《适可斋纪言纪行》卷四，清光绪二十二年刻本）。严复提出译作的要求："信、达而外，求其尔雅。"又说："用汉以前字法、句法，则为达易。"（严复：《〈天演论〉译例言》，赫胥黎著，严复译：《天演论》，商务印书馆，1981 年，第 11 页）陈乐民著文《难哉译事》，指出如果"译者国学修养有所欠缺"，将很可能影响译作的学术质量。他说，遇此情形，"当然最好还是查出原文来"（陈乐民：《难哉译事》，《读书》1991 年 2 期）。我们以为"译"之不易，是长久的文化难题。为社会期待的优秀翻译家，尤应重视中国古代文献的熟习。由于学术著作的读者，本来有一定的历史文化修养，而非"市井乡僻之不学"。正如严复《与梁任公论所译〈原富〉书》所说，"吾译正以待多读中国古书之人"（严复：《与梁任公论所译〈原富〉书》，王栻主编：《严复集》，中华书局，1986 年，第 516 页至第 517 页）。

　　近二十年前，笔者曾经写过一篇《崔家的"豆瓣酱"——略说中国古代文献的回译》，后来改题《崔家的"豆瓣酱"——漫说译之不易》，《中华读书报》2001年8月22日刊出时，编辑改定为《"豆瓣酱"与"洗澡狂"——翻译的故事与文化》。所谓"豆瓣酱"，是对许倬云《汉代农业：早期中国农业经济的形成》的汉译提了一点意见。据许倬云说，2004年美国亚洲研究学会给予他终身贡献奖，就是因为他"对汉代农业的研究有革命性的贡献"（《家事、国事、天下事——许倬云院士一生回顾》，"中央研究院"近代史研究所，2010年，第347页至第348页）。《汉代农业》汉译本可见关于崔寔事迹的文字："《后汉书》有关崔寔生平的叙述里，也清楚地提到崔家制作和出售酒、醋和豆瓣酱等以增加家里的收入。"（许倬云著，程农、张鸣译，邓正来校：《汉代农业：早期中国农业经济的形成》，"海外中国研究丛书"，江苏人民出版社，1998年，第141页）其实，《后汉书》卷五二《崔寔传》只看到"资产竭尽，因穷困，以酤酿贩鬻为业"，没有出现"酱"字，当然更没有什么"豆瓣酱"了。而汉代制酱，未必用豆类。关于"洗澡狂"，涉及法兰西学院院士谢和耐著《蒙元入侵前夜的中国日常生活》汉译的问题。古籍常见"上浣""中浣""下浣"或"上澣""中澣""下澣"，译为"'起先的洗浴日''中间的洗浴日''最后的洗浴日'"。译注态度谦虚："此句中文出处不详，权且直译出来，留待方家指教原文所本。"而《宋史》卷三二八《蒲宗孟传》的记载："常日盥洁，有小洗面、大洗面、小濯足、大濯足、小大澡浴之别。每用婢子数人，一浴至汤五斛。""蒲宗孟"译为"蒲承蒙（音译）"（谢和耐著，刘东译：《蒙元入侵前夜的中国日常生活》，"海外中国研究丛书"，江苏人民出版社，1995年，第89页）。

这样本应找到"中文出处"，如陈乐民所说，"最好还是查出原文来"，然而可能因交稿匆忙出现遗憾的情形，还可以看到一些。

作者署名为"张春树"的《1970年以来西方秦汉史研究概述》一文，是不多见的介绍西方学者秦汉史研究论著的学术综述。其中，在"西方秦汉史研究概览"部分所介绍论著分为7类：1.秦汉帝国的起源；2.政治和法律秩序；3.社会和经济状况；4.思想和宗教；5.考古、艺术和区域文明；6.疆土的拓展与帝国的扩张；7.秦汉史籍的翻译。而"5.考古、艺术和区域文明"一类中介绍了3种书。第3种即"洪武（音）：《武梁祠：早期中国石刻画像的艺术观》，斯坦福，1989年"，文末附有这样的说明："李俊清、解亚红节译自《中国史学》（日本中国史学会编）第4卷。"（张春树：《1970年以来西方秦汉史研究概述》，《中国史研究动态》1997年4期）其中"洪武（音）"显然是著名汉代美术考古学者巫鸿。巫鸿是有很大影响的学者。《武梁祠：早期中国石刻画像的艺术观》汉译本作《武梁祠：中国古代画像艺术的思想性》，早在张春树文发表6年之前，该书就在1991年获全美亚洲学年会最佳著作奖（列文森奖），张春树把该书作者姓名误作"洪武"，是不应该的。

顺便说说巫鸿著作汉译中的类似问题。一天友人电话告知，巫鸿的《黄泉下的美术——宏观中国古代墓葬》中出现了贱名"王子今"。译文可见在讨论"唐代墓葬艺术中的道教图像""强调'升仙'的观念"时有如下表述："这个形象与仙人王子乔（或作王子今）的传说密切相关。据说王子乔是周代的王子，他放弃了世俗荣耀而追求宗教的超脱。根据刘向在公元前1世纪撰写的王子乔的传记，他早在青年时期已是吹箫的好手，他的箫声引来凤凰，随着音乐翩翩起舞。他以后去嵩山随一隐士修道，在修行了三十年后终于通知他的家人到洛阳的缑氏山与他相会。当家人抵达后，他们看见子乔驾白鹤于山顶之上。伸臂与家人诀别后，他驾鹤而去，消失在天际之中。"注释说明了原文出处："刘向：《列仙传校笺》，王叔岷校笺（北京：中华书局，2007），页65—68。"（巫鸿著，施杰译：《黄泉下的美术：宏观中国古代墓葬》，生活·读书·新知三联书店，2010年，第59页、第249页）"仙人王子乔""或作王子今"的说法令人惊异。据王叔岷校笺《列仙传校笺》，《列仙传》卷上"王子乔"条："王子乔者，周灵王太子晋也。好吹笙作凤凰鸣。游伊、洛之间，道士浮邱公接以上嵩高山。三十余年后，求之于山上，见桓良，曰：'告我家，七月七日待我于缑氏山巅。'至时，果乘白鹤驻山头。望之不得到，举手谢时人，数日而去。亦立祠于缑氏山下，及嵩山首焉。"对照《列仙传》原文，可以知道译文的质量。"吹笙"译作"吹箫"是错误的。而"伸臂"其实不如原文"举手"。如果认真查证原文，译文自然可以准确完好。

关于《黄泉下的美术——宏观中国古代墓葬》汉译本"仙人王子乔（或作王子今）"，友人说道："好像没有见过这种材料，是不是作者误读了诗词比如'吹笙王子今何在'或者'洞中王子今何在'？"元诗确有"仙游王子今千载"句。（顾瑛：《游箫台寄李五峰》，《草堂雅集》卷五）更早《法苑珠林》亦可见"王子今在何处""王子今至何所"（释道世撰：《法苑珠林》卷第八，卷第四三）。仔细思索，"王子今"应当是"王子晋"误译。《列仙传》"王子乔者，周灵王太子晋也"句，译者可能有所忽视。《旧唐书》卷六《则天皇后本纪》："幸嵩山，过王子晋庙。"《旧唐书》卷二三《礼仪志三》："王子晋为升仙太子，别为立庙。"《旧唐书》卷七八《张昌宗传》："时谀佞者奏云，昌宗是王子晋后身。"《旧唐书》卷一八三《外戚传·武三思》："又赠昌宗诗，盛称昌宗才貌是王子晋后身，仍令朝士递相属和。"《新唐书》卷一〇四《张昌宗传》："时无检轻薄者又诣言昌宗乃王子晋后身，后使被羽裳、吹箫、乘寓鹤，裴回庭中，如仙去状，词臣争为赋诗以媚后。"《新唐书》卷二〇六《武三思传》："薛、二张方炰盅，三思痛屈节，为怀义御马，倡言昌宗为王子晋后身，引公卿歌咏淫污，靦然如人而不耻也。"可知唐代王子晋"升仙"传说已经相当普及。

据朋友告知，巫鸿英文原文把"王子晋"写作"Wang Zijin"，似理解"王"是姓，"Zijin"是名。似乎忽略了"王子乔者，周灵王太子晋也"，"王子乔是周代的王子"的说法。译文所见"他们看见子乔驾白鹤于山顶之上"，也以为"子乔"是名字，同样是基于这样的错误。通常以为"周王"家族"以王子为氏"，邓名世《古今姓氏书辩证》就是这样说的（邓名世撰，王力平点校：《古今姓氏书辩证》，江西人民出版社，2006年，第212页）。

《黄泉下的美术：宏观中国古代墓葬》中，广州南越王赵昧墓，译文均写作"赵沫"（第25页至第26页），可能是误译。河北平山中山王陵墓主，译文均写作"中山王嚳"（第14页、第103页至第104页、第267页）。"嚳"或许是作者自己的释读。但是发掘报告是写作"墓"的（河北省文物研究所：《墓——战国中山国国王之墓》，文物出版社，1996年）。

有的具有经典意义的名著，汉译也存在类似的问题。如马克斯·韦伯《儒教与道教》写道，秦始皇实现统一，

"他夸耀自己消灭了战争"，原注："参见 Tschepe p.259（据碑文所记）。""他夸耀自己消灭了战争"，应即琅玡刻石所谓"天下和平"，"黔首安宁，不用兵革"。之罘刻石所谓"阐并天下，甾害绝息，永偃戎兵"。而译文所言"碑文"，其实如果说刻石文字更为准确。《儒教与道教》还说到秦始皇推行币制统一："理性主义的帝国统一者秦始皇下令以铜和金来铸'圆的'硬币（镒与钱 Y und Tsien），其他的交换或支付手段一律禁止……"译文不很顺畅，而"'圆的'硬币"或许应参考宋汪遵撰《泉志》卷七《不知年代品下》、明胡我琨《钱通》卷七《杂品》等钱币学论作，译作"圜钱"。关汉亨《半两货币图说》称秦早期的钱为"圜钱"（上海书店出版社，1995 年，第 4 页、第 9 页），钱剑夫《秦汉货币史稿》称作"环钱"（湖北人民出版社，1986 年，第 28 页），石俊志《半两钱制度研究》亦取"环钱"之说（中国金融出版社，2009 年，第 8 页）。

还有一例，虽然并非秦汉史料，但是疏误离奇，有必要指出。在"第一章，城市、诸侯与神明"题下"货币制度"一节，引用了"根据史书（马端临）所载，早期中国的一份国家岁入清单"，其中"997 年"的数据，"谷物 31707 石；铜钱 4656 贯（每贯为 1000 钱）；绸 1625 匹；绢 273 匹；丝线 1410 两；纱罗 5170 两；茶 490 斤；干草（新鲜的和晒干的）30000 围；薪 280 束；炭（泥炭）530 秤；铁 300 斤"，"另有箭杆、鹅翎、杂翎、及蔬菜等"。公元 997 年为宋太宗至道三年。马端临《文献通考》卷四《田赋四》记载的数据为:"至道末,收谷三千一百七十万七千余石,钱四百六十五万六千余贯,绢一百六十二万五千余匹,絁紬二十七万三千余匹,布二十八万二千余匹,丝线一百四十一万余两,绵五百一十七万余两,茶四十九万余斤,刍茭三千余万围,蒿二百六十八万余围,薪二十八万余束,炭五十三万余秤,鹅翎、杂翎六十二万余茎,箭簳八十九万余只,黄铁三十万余斤。"(马端临撰:《文献通考》,中华书局,1986年,第 57 页)汉译本除"布""蒿"及"鹅翎、杂翎""箭簳"(《文献通考》未列"蔬菜")外,所有数据均较《文献通考》记载缩减了 1 千倍。实在难以设想,北宋王朝全国年收入田赋怎么可能出现"茶 490 斤""铁 300 斤"这样微量的额度?除了数字的错误而外,将"绢"译作"绸","絁紬"译作"绢","绵"译作"纱罗",均不知是何根据。而"刍茭"译为"干草(新鲜的和晒干的)",竟然出现"新鲜的""干草"。面对这样的错误,可知陈乐民"最好还是查出原文来"的建议是何等重要。

在有关"非人格化的神"的讨论中,马克斯·韦伯举出史例:"公元 312 年,秦王以作证人与复仇者的姿态,对那据说违犯礼法与盟约的楚王发出诅咒,在铭文中秦王召唤的是:一、天;二、在上面的统治者(亦即一人格性的天神);三、河伯(盟约波认为是在他那儿订立的)。"

译文所见"公元 312 年"应为"公元前 312 年"之误。这当然是严重的硬伤。由于所引述秦石刻文字《诅楚文》的《大沈厥湫文》，所告之神为朝那湫的"大神厥湫"，所谓"河神"不确，应该称"水神"（王子今：《"大神""威神"祀告：秦军事史的神巫文化色彩》，《社会科学战线》2020 年 8 期）。此外，在有关"统一的官僚体制之恢复"一节写道："'皇帝位尊于古'，意思是说不得以古制今，古代的权势者亦不得支配君主。"原注："始皇帝的这句名言记载于司马迁的《秦始皇本纪》。"然而《史记》卷六《秦始皇本纪》没有这句"名言"，类似的表述见于王绾、冯劫、李斯等议帝号时所言："今陛下兴义兵，诛残贼，平定天下，海内为郡县，法令由一统，自上古以来未尝有，五帝所不及。"关于商鞅变法，洪天富译本可见如下记述："其宰相，士人卫鞅（后来也叫商鞅）曾教他'最高的智慧'，即教他'如何主宰封臣'之术。"《史记》卷六八《商君列传》记载，秦孝公决意改革，"以卫鞅为左庶长，卒定变法之令"。"左庶长"并非"宰相"。所谓"最高的智慧"，应当即商鞅向秦献公宣传的"帝王之道"，体会"'如何主宰封臣'之术"的原意，或许可以参考商鞅所谓"有独知之虑者，必见敖于民"。《史记》卷六八《商君列传》司马贞《索隐》："《商君书》作'必见骜于人'也。"另一处译文写道："反对在秦国打算实行的官僚化"的"王侯的氏族"指出，"先辈以教化治民，而不是行政的改革","对此,那位士人新宰相站在完全反对儒家的立场上表示自己的意见:'普通人按照传统生活,才智较高的人创造了传统,礼仪在非常的事端上并不能给我们指示,百姓的福祉才是最高的法则。'"辩论双方的言论可以通过《史记》卷六八《商君列传》的记载予以说明。改革反对者说:"圣人不易民而教,知者不变法而治。"而卫鞅主张:"论至德者不和于俗,成大功者不谋于众。是以圣人苟可以强国,不法其故;苟可以利民,不循其礼。"关于汉武帝时代对诸侯国管理控制的强化,《儒教与道教》汉译本可见"皇帝派总督到封国的宫廷进行监督"的说法。这里"总督"称谓,如果查看一下汉武帝时代的历史记录,应当知道译为"相"是适宜的(马克斯·韦伯著,洪天富译:《儒教与道教》,"海外中国研究丛书",江苏人民出版社,1993年,第5页、第7页、第12页、第29页、第56页、第95页、第131页、第58页)。

美国学者尤金·N.安德森的《中国食物》使用中国考古资料往往借助《中国建设》《中国画报》中的资料,不免令人失望,而且类似"安志敏(音译)"这样的著作者标示方式也不是很妥当。又汉译本的疏误还有不少,如《氾胜之书》多误作《汜胜之书》。我们看到这样的介绍:"他们也使用谷物,将之烤熟或在其他情况下煮过后弄干,用做速食干粮;这种速食干粮与肉片干(dried meat)是标准的军饷。"如果"速食干粮"译作"糒","肉片干"译作"脯",则要好得多。译文可见"一位权贵饲养兔子,并处死了偷猎者",所说故事见于《后汉书》卷三四《梁冀传》:"起菟苑于河南城西,经亘数十里……调发生菟,刻其毛以为识,人有犯者,罪至刑死。尝有西域贾胡,不知禁忌,误杀一兔,转相告言,坐死者十余人。"所谓"坐死者十余人"或应包括连坐一类情形,不大可能都是"误杀一兔"的"偷猎者"。如果加一条译者注,则中国读者可以真确知道史实,也可以分析这一情形是否与作者上文所谓"所有种类的猎物都已被吃光,寄望于外来的猎物"有关。而所谓"为了特定的庆典,政府却赠予豪门以牛和酒",应当是指"赐……女子百户牛酒""诸民里赐牛酒"情形(《史记》卷一〇《孝文本纪》),受赐者其实并非"豪门"。《中国食物》汉译本还可见"《四民月令》中论述的'醓'是用碎肉做的,发酵后很像现代的辣酱或蒜味咸腊肠"(尤金·N.安德森著,马孆、刘东译,刘东审校:《中国食物》,"海外中国研究丛书",江苏人民出版社,2003年,第37页至第40页)。《四民月令》中没有说到"醓"。醓是盛酒的容器。所谓"《四民月令》中论述的'醓'"或许是"醢"的误写。《四民月令·五月》:"是月也,可作……醢酱。"(崔寔撰,石声汉校注:《四民月令校注》,中华书局,2013年,第46页)《说文·酉部》:"醢,肉酱也。"段玉裁注:"凡醢皆肉也。"(许慎撰,

段玉裁注：《说文解字注》，上海古籍出版社据经韵楼藏版影印，1981年，第751页）

秦汉文献文字的回译，可能难以避免海外学者对中国文献误解的情形。苏联学者C. N. 鲁金科《匈奴文化与诺彦乌拉巨冢》的汉译本可见："《史记》中曾记载：'匈奴人死后葬在棺中，棺外还套有内外两重椁。而且死者身上还穿着有织锦和毛皮制成的殓衣。'"译者注："关于匈奴贵族的葬仪，《史记·匈奴列传》：'其送死，有棺椁金银衣裘，而无封树丧服。'并未说明他们使用两椁一棺，身着织锦。"有的译者注可以充实作者的论说，扩展读者的知识。如鲁金科写道："据《后汉书》记载：'公元前77年至前74年间乌桓破坏了匈奴单于的墓葬。'"译者注："原文据《汉书·匈奴传》载：'汉复得匈奴降者，言乌桓尝发先单于冢，匈奴怨之，方发二万骑击乌桓。'《后汉书·乌桓鲜卑列传》载：'昭帝时，乌桓渐强，乃发匈奴单于冢墓，以报冒顿之怨。'"又如："直到汉代，狩猎依然是匈奴经济的重要组成部分，因此《史记》就有了以下的记载：'匈奴人的孩子能快速地骑到羊背上，还能用弓箭射小的鸟兽，再大一点的孩子则能射狐狸和兔子。'"译者注："原文据《史记·匈奴列传》载：'儿能骑羊，引弓射鸟、鼠；少长，则射狐、兔用为食。'"（C. N. 鲁金科著，孙危译，马健校注：《匈奴文化与诺彦乌拉巨冢》，中华书局，2012年，第23页、第24页、第26页、第27

页）这是非常负责任的处理方式，对中国读者提供了便益。鲁金科所谓"快速地"之说，应是《史记》原文之外自己的想象，因此可得以澄清。当然，如果用中华书局标点本《史记》的形式则更好，即作："儿能骑羊，引弓射鸟鼠；少长则射狐兔：用为食。"

原载于《中山大学学报》(社会科学版) 2021 年第 1 期

有书真富贵

有书真富贵。记得少时读溥仪《我的前半生》，对其中说到的一联印象颇深："有书真富贵，无事小神仙。"据说是载沣所书。这或许也可以算是清宫文化的一个侧面，告知我们在庭院深深深几许的那里，也有精神生活的向往。

我多年学习秦汉史，知道秦汉时期"富贵"追求已经成为社会风尚。陈胜佣耕，言"苟富贵，无相忘"，项羽也有"富贵不归故乡"如何如何的名言。《后汉书·郎颢传》说到"君子耻贫贱而乐富贵"。《三国志·魏书·王昶传》也说："富贵声名，人情所乐。"汉印可见"富贵""大富""至富""长富""常富贵"等文字。又有"王富之印""毛富之印""周常富""孙贵""茆寿贵印"等，反映"富""贵"作为人名用字已经相当普遍。但是我们也看到开明人士对"富贵"的清醒认识，如"卒富贵不祥""富贵无常""亡德而富贵，谓之不幸""久乘富贵，祸积为崇""富贵生不仁""古者富贵而名摩灭，不可胜记"等，都透露出积极的人生智慧。而见于《汉书·韦贤传》的邹鲁地方民谚"遗子黄金满籯，不如一经"，可能是比较早的把物质财富和文化经典予以对比，并显然看重后者的说法。

有书真富贵！精神超越物质，知识超越金钱，教育超越货殖。这应当说是比较高明的意识。宋人吴可《秘古堂诗》写道："群儿只解秘金玉，百岁作痴空润屋。君家胜味渠不知，掉头归来北窗读。插架整整三万签，谁何有书真不然。是中文字到蝌蚪，补亡应得由庚篇……"作者似乎更看重的是古物收藏，因言："摩挲鼎彝自笑语，碧晕堆花久瘗土。悬知百好堕儿戏，此物一出吞万古。"（《藏海居士集》卷上）但是就"北窗读"和"秘金玉"的比较，可知是倾向读书的。宋代还有一位知识分子方夔，有诗作《续感兴》，其中写道："昔时累科举，读书患不足。天今予我暇，有书真不读。煌煌百圣心，清彻寒泉玉。遗泽存读书，浸作生民福。静观灵台中，万象森在目。天寒境自明，欲浅机自触。斯文化异端，骎骎即深谷。晞颜以自励，吾欲求之复。"（《富山遗稿》卷三）诗作以"读书患不足"和"有书真不读"的对比，似乎表现出欲对书中"煌煌百圣心"实现真正的理解而与世俗"万象"保持一定距离的自由追求。在人们都迷信"书中自有黄金屋"的人人"累科举"的时代，这种"自励"精神也许一定程度上体现了内心真正的富足。

有书真富贵？对"书"的认识，对"书"的情感，也许还可以进入特别的境界。作为读书人，有时会产生有关求书、藏书、读书、写书诸种关系的遐想。辛苦淘书的年龄段已经过去，在一定意义上可以说现在是"有书"了。但是书的真正拥有，恐怕不是仅仅揽入室中，排在架上。过去有"束之高阁"的说法，今天这种情况在我这里就确实存在。不读，不认真读，不能切实读懂就放在一边，这样的情形，使得自己的书房收存了很多事实上的"死书"。用一个不大妥当的比喻，就好像旧时的后宫，秀女是不少，但很多人其实都没见过皇帝，于是造成了美的浪费、美的戕害。王安石《明妃曲》尤其脍炙人口："明妃初出汉宫时，泪湿春风鬓脚垂。低徊顾影无颜色，尚得君王不自持。归来却怪丹青手，入眼平生几曾有。意态由来画不成，当时枉杀毛延寿。"有人根据《后汉书·南匈奴传》记录，指出当时并无所谓"毛延寿"之事，昭君出行，乃是因为"入宫数岁不得见"，于是心积悲怨，"乃请掖庭令求行"（李壁：《王荆公诗注》卷六）。现在想来，实在应当亲近自己书房里的每一部书，认真研读，认真理解，"怜""惜"其中的"颜色"和"意态"，让它们一一展现其内在的明丽，并留驻在自己的心中。

原载于《人民日报》2016 年 12 月 27 日

个人读书史的最初页面

在 2020 年 5 月面世的拙著《插图秦汉儿童史》的"后记"里，我写了这样一段话："1959 年夏季加入中国少年先锋队那天，北京市东城区府学胡同小学三年级八班学生王子今得到母亲送的一本严文井著《小溪流的歌》，扉页题写：'子今儿入队纪念。'弹指之间，60 年倏忽过去。当时 9 岁的小孩子，现在已是垂暮一老翁。"如果回顾自己的读书史，留下深刻记忆的，其实不是《小溪流的歌》或者《大林和小林》《宝葫芦的秘密》等。清晰记得在母亲单位的资料室自己选书，拿回来一本吴趼人的《痛史》。这是我早年读到的第一本大书。随后又有《说唐》《说岳全传》等。后来金庸武侠小说风行一时，曾经问朋友哪本最好，介绍说《鹿鼎记》，却并不喜欢，甚至未能卒读，以为并没有超过古人。五六十年代的小说《新儿女英雄传》《青春之歌》《林海雪原》《铁道游击队》等，占据了一个小学生的大多课外时间。《星火燎原》《红旗飘飘》也是喜欢的。记得在四年级的时候，我自己买的第一本书，是上海文艺出版社 1961 年出版的《解放战争时期歌谣》。其中一首"歌谣"印象比较深："蒋介石，美国鬼，一条裤子四条腿。"

对于我们这一代人来说，读自己的书，生成自己的思想，是比较晚的事。现在回想，1967 年到 1968 年，从中学"文革"狂潮之后在家"逍遥"到插队农村之前这个时段，深感到知识饥渴并且疯狂填补，这大概可以说是我们人生中读书的抢种抢收季节。社会秩序大乱，各单位图书馆藏书流散民间。多有青少年因此接触不少中外文学名著，特别是外国名家作品，在高尔基、马雅可夫斯基之外，通常被认作"封资修"中"资"和"修"的作品，在大批判最狂热的时候，却得到最广泛的民间流传，历史上应当也有类似的文化现象。当时大约多数所涉猎的图书，都与自己后来从事的专业研究没有直接关系。因公家图书馆管理制度破坏得到的书籍，而对后来的学术生涯有直接意义的，有《资治通鉴》第 1 册第 2 册，还有一本《说文解字》。从发小张彬彬家借到王利器辑录《历代笑话集》，是读得非常高兴的书。明人《剪灯新话》则得自发小李建。记得扉页有他父亲李霆叔叔的藏书题记。

对于自己家里的书，阅读还是最为认真的。如果要谈对自己影响最大的书籍，首先要说到母亲买的人民文学出版社 1956 年版《鲁迅全集》。她那几年在通读《列宁全集》，我则在 1968 年 10 月下乡前读完了《鲁迅全集》的前 8 卷。母亲买的这套书，不包括《书信》和《日记》。这两部分，我在八十年代才得初读。初中语文教材中收有鲁迅的《从百草园到三味书屋》《一件小事》等。我没有读过高中，自己买到几本高中语文教材，当然也读了其中的鲁迅作品。但是阅读《鲁迅全集》，心中才真正树立起了这位文化巨人的高大形象。鲁迅的批判意识，鲁迅的激切风格，鲁迅的诙谐笔调，鲁迅的实证原则，都对我个人的思想倾向和学术路径有一定影响。自学鲁迅，在干干净净的《鲁迅全集》上留下了许多标注。当时做了很认真的笔记，都写在散张纸上，并没有保存。后来在《权力的黑光》《千百年眼：皇权与吏治的历史扫描》等拙著中发表过学习鲁迅思想的心得，但是对鲁迅的国民性批评以及他对中国历史的深刻理解，并没有认真的研究。后来结识王富仁、孙郁等鲁迅研究大家，阅读他们的著作，深知面对这样的学术主题，是要下大功夫才可能有所发现、有所发明的。后来关注嵇康思想，注意过鲁迅整理古籍的实践，在有的文章中对鲁迅文献学贡献深致敬意。2017 年在《中国文物报》发表过一篇《鲁迅读汉画——〈鲁迅藏拓本全集·汉画像卷〉简介》，表达了对鲁迅关心汉代文物的深心感动。

另一种对我影响最大的书，是《毛泽东选集》1 至 4

卷。这是曾经认真阅读的文字。"文革"以前读初中时，阅读了斯诺的《西行漫记》，曾经从一个特殊侧面初步了解到现代中国的革命史。作为外国记者记述的陕北红区画面，是大致真切的。我曾经写过一篇小文，讨论古来"名士扪虱"故事。其中写道：埃德加·斯诺在《西行漫记》关于他访问毛泽东的记录中，有值得注意的情节。斯诺写道："毛泽东在我的印象中是一个有相当深邃感情的人。我记得有一两次当他讲到已死的同志或回忆到少年时代湖南由于饥荒引起的大米暴动中发生死人事件的时候，他的眼睛是湿润的。""有一个战士告诉我，他曾经亲眼看到毛泽东把自己的上衣脱下来给一位在前线受伤的弟兄穿。他们又说当红军战士没有鞋穿的时候，他也不愿意穿鞋的。"关于毛泽东的性格，斯诺又有具体的描述。他写道："然而我非常怀疑，他是否能够博得中国上层知识分子的敬仰，也许这并不完全因为他有非凡的思想，而是因为他有农民的个人习惯。"斯诺说到毛泽东的"粗鲁"："我记得有一天我和毛泽东谈话的时候，看见他心不在焉地松下了裤带，搜寻着什么寄生物。"斯诺说，西方著名学者"要是生活在同样的环境中可能也非搜寻一下不可"，但是可以断定，他们"决不会当着红军大学校长的面前松下裤子的"。斯诺写道："我有一次访问林彪的时候，毛泽东却这样做过。小小的窑洞非常热，毛泽东把身子向床上一躺，脱下了裤子，向着壁上的军用地图，仔细研究了20分钟——偶然只有林彪插口问他一些日期和人名，而毛泽东都是一概知道的。他随便的习惯和他完全不在乎个人外表这一点相一致，虽然他完全有条件可以打扮得如同巧克力糖果匣上的将军和《中国名人录》中的政治家照片一样。"（《西行漫记》，董乐山译，外语教学与研究出版社，2005年，第116页至第118页）这段文字，见于董乐山译本，而在《西行漫记》有的版本中却被删除了。《毛泽东选集》是可以作为认识中国现代政治史的基本读物之一的。要了解毛泽东和他的战友及追随者们怎样改变了中国历史的走向，他对中国文化的感知，他对中国社会进程的预见，都可以从这部书中发现有意义的信息。

第三种对我影响最大的书，是插队时经常翻阅的胡云翼《宋词选》。这部书曾经广泛流行。万云骏教授1979年和1980年先后在《学术月刊》和《西北师大学报》发表论文评价此书。说到《宋词选》"'文化大革命'前后大量发行，大学中文系师生几乎人手一册"。在农村时，从当地知青手中借到一本文学古籍刊行社1957年版林大椿辑《唐五代词》，匆匆浏览，还没有仔细吟读就被书主索回。身边时常陪伴的是这本《宋词选》。婉约与豪放，传统文化风格的两种倾向，通过优美的辞句介入了我们些务农青年的心灵生活。插队知青的心境，在热情闳放的另一面，也常常笼罩在沉寂忧郁之中。宋词凄清格调，往往可以共鸣。当时曾有旧体诗词的习作，但是粗陋浅薄，笔法尤其幼稚。初读王力《诗词格律》一书，才得入门。后来在西北大学读书，从同学黄敏兰、方兢处借到《汉语诗律学》，才有了进一步的体会。

如果可以介绍第四种对我影响最大的书，应该举出《中国地图集》，这是多年随身常备常用的书。小学和中学同学赵铁城发现一本有我签名的 1966 年版《中国地图集》（平装本），很客气地寄还，使我得到了即使在身边可能也很难保存至今的旧版地图。我初中地理毕业考试得了全年级唯一的满分，应当和喜欢这门课有关系。幼年的印象，家里是常年挂着两幅地图的。可是老伴从结婚起，就强力反对家里挂地图。岳父岳母都是老军人，不知道她为什么对地图如此反感。我曾经报考史念海先生指导的历史地理方向的硕士研究生，因为偶然的因素临时变更了方向，至今深以为憾。近年关注汉代蒙学，看到当时小孩子要学习关于"五方"的知识，地理课程在汉代就成为基础教学内容，是值得我们注意的。

今年 4 月，曾作《七律·谷雨》，涉及早年劳动和读书生活，抄录于此，以为小文的结语：

谷雨降雨。有友人说当日听到布谷鸟鸣，并在电话中模拟音声，婉转可亲。回想听到"布谷""布谷"均在夏收季节，迎晨风走向金色麦田，印象最为深刻。那是学农支农务农年岁中最艰苦，也是最激奋的日子。灼耀日光，灿烂天色，山山金穗，晶晶汗滴，好像就是昨天。友人年少，吟此数句，感念对青春的敬意和爱心。据说是世界读书日，疫情中子夜吟草。二〇二〇年四月廿四日。

　　布谷晨声自在啼，乡情千里系秦西。

　　挥镰热汗高田岭，拂卷残灯碎论题。

　　烛烬妄求千载照，岁萌深悔十年迷。

　　读书最是春晴好，飞絮轻风唱柳鹂。

好友张在明读后表扬其中"烛烬妄求千载照，岁萌深悔十年迷"一联，应是如《易·乾》所谓"同声相应，同气相求"。

　　　　　　　　　　原载于《南方周末》2020 年 9 月 10 日 C24

庚子读书岁末删拾

　　2020年1月，承北京鸣鹤书苑考古与艺术俱乐部王龙等朋友的美意，安排参与"埃及考古之旅"。回京后即疫情大起，学术活动一时冷寂，讲学、考察诸事也都不得不中止。进入庚子年后即闭门安心读书，首先有埃及所得考古报告、展览图录及博物馆介绍等。其中有中文版《埃及开罗博物馆》《胡夫太阳船》《卢克索博物馆：古代底比斯的荣耀》等。几种篇幅不大的博物馆陈列介绍，虽然信息有限，图版却明显比我们自己拍摄的质量优异。大型英文版图录及报告《埃及开罗博物馆》《帝王谷的珍宝》《图坦卡蒙》等，文字阅读困难，反复披览图版，常常会沉浸在如同现场参观时曾经体验的震惊与感动之中。面对精美文物的悦目赏心而外，与中国文化相比照的思考，亦每有新益。读书时对以下关注点有比较用心的思索："古埃及贵族墓壁画的酒业史料"，"古埃及儿童生活史图像资料"，"古埃及舰船史的文物信息"，"古埃及图像资料所见生产劳作的负重形式"。如果说最重要的阅读收获，是结合实地考察形成的点滴心得在这一主题下的汇集：古埃及考察与中国秦汉史知识的更新。

春季开学，为岳麓书院承担"《史记》研读"课程。备课时修改充实原有课件，自然还会重新品读《史记》的有关篇章。答应为中华书局《月读》杂志提供"《史记》讲座"系列文章。每月一篇，往往仓促交稿，比较慌乱，也比较劳累。但读书每有新见，是非常愉快的事。今年刊发的几篇小文，《〈史记〉说"汗"》《太史公笔下的"蚕"》《〈史记〉中关于"鼠"的故事》《"好会"：〈史记〉记述的和平外交》《〈史记〉说"蜂"与秦汉社会的甜蜜追求》等，分别记录了片段思考。得到出版社及作者惠赐的《史记研究集成·十二本纪》（西北大学出版社，2020年）和郭声波编著《史记地名族名词典》（中华书局，2020年），都为《史记》阅读提供了便利。

年初埃及之行有考古学家徐天进、高大伦、韦正三位教授同行，一路得益颇多。回京不久就得韦正赐寄新著《将毋同：魏晋南北朝图像与历史》（上海古籍出版社，2019年）。其中"图像"研究表现出作者的深厚学术功力。有关酒泉丁家闸5号墓壁画考察的《社树图杂议》一文颇有新意。早先王迅注意到"在北方草原地区比较流行"的鄂尔多斯式青铜器中"猴子骑马青铜饰"的存在。他认为，"这种在中西文化交流中出现在中国北方草原地区的青铜饰体现了欧亚草原地区古代印欧语族的传统和观念。其中某些传统不仅被春秋、战国时期的北方地区民族所接受，而且在后来的岁月里扩展到中原地区、东方地区和南方地区，《西游记》中的弼马温由此而产生。"王迅引录日本学者石田英一、井本英一、增田精一的意见，认为猴子能防止马的疫病的观念"可能是由印度到伊朗，通过塞种和丁零人的接触，丁零人接受了这种观念。匈奴人又通过与丁零人的交往，受到这种观念的影响"（王迅：《鄂尔多斯猴子骑马青铜饰与〈西游记〉中弼马温的由来》，《远望集：陕西省考古研究所华诞40周年纪念文集》，陕西人民美术出版社，1998年）。邢义田自1992年即开始关注汉代艺术"'猴与马'造型母题"。他的论文完成于2007年至2009年，题《"猴与马"造型母题——一个草原与中原艺术交流的古代见证》。作者研究了与"鄂尔多斯草原小型骑马铜饰"相互对应的中原地区表现"猴与马"主题的汉代文物。对于居延肩水金关遗址出土木板画以及旬邑百子村东汉墓壁画所见马厩有猴子形象的画面的重视，显示出作者的学术卓识。同类资料还有成都曾家包汉墓画像石和密县打虎亭一号汉墓石刻画像。这些信息，均反映当时社会有"畜猴避马病之说"（邢义田：《"猴与马"造型母题——一个草原与中原艺术交流的古代见证》，《画为心声：画像石、画像砖与壁画》，中华书局，2011年）。韦正关于"社树"的讨论结合丁家闸5号墓壁画猴的形象与《晋书》卷七二

《郭璞传》"良马死"而"猴"使其复活的神异故事（第27页至第29页），使得古代画像的文化内涵得到新的解说。

另一部书名使用了与"将毋同"语同义之"将无同"的书，是胡宝国新著《将无同：中古史研究论文集》（中华书局，2020年）。对于宝国的学问，深心敬佩多年。他的文字有特别的魅力，年轻人中仰慕者甚多。这部论文集收入宝国《〈史记〉〈汉书〉籍贯书法与区域观念变动》《两汉家学的变化》《汉晋之际的汝颖名士》《汉代政治文化中心的转移》等关于秦汉历史文化的名作，再次捧读，仍然有新的体会。作者指出，《史记》中《项羽本纪》《高祖本纪》《灌婴传》"秦""秦人""秦民"诸例中的"秦"，"其含义都是指战国故秦，而非我们今天所说'秦汉时代'意义上的秦"。认为"在秦汉之际的人们心目中，所谓承秦，恐怕主要并不是指继承前一个时代，而是指继承关中故秦而言"。这样的认识应当是有一定道理的。作者认为："在秦末，'承秦'应是指承战国之秦。这样，'汉承秦制'就由一个时代接续的问题转换为一个地域问题。"（第46页）因时代背景不同，"秦"作为历史文化的指意和内涵自有区别，相关分析给予以"秦汉时代"作为关注对象的研究者有益的启发。受到这样的提示，我们应当在秦汉史研究中重视不同时段的历史文化区别。但是还应当注意到，不见于"秦末"，似乎也未见于"秦汉之际""承秦"及"汉承秦制"的说法，大概在东汉时，方才见于史籍。《汉书》卷一〇〇《叙传》所说"汉家承秦之制",应当就是后来人们平素常用的"汉承秦制"之说的完整版。《后汉书》卷四〇《班彪传》记载班彪对隗嚣分析比较战国与当时形势,同样内容的表述,作"汉承秦制"。"汉承秦制"语屡见于记述东汉史的文献。如《续汉书·礼仪志中》刘昭注补引《魏书》以及《续汉书·舆服志上》《续汉书·舆服志下》。所谓"汉承秦制",后世为史家习用。但是一般都理解"秦"为秦始皇创立的秦王朝。瞿兑之写道:"通而论之,由秦始皇以至汉宣帝,总为第一期,其治体倾向,大都相似,乃撷取儒法两家所长以成一统之规。"(《秦汉史篡》,鼎文书局,1979 年,第 327 页)宝国提示"'承秦'应是指承战国之秦",以为"汉承秦制"应当从"地域问题"的角度理解,当然是与成见不同的新识。这样的意见我们虽然并不完全同意,但是论者的新思路,令人深心感佩。

《将无同:中古史研究论文集》收入《释"少孤贫"》。宝国写道:"为什么会有这样多的士族子弟都是'少孤贫'呢?这首先是与当时人的寿命有关。从史料上看,当时不少人的寿命只有四、五十岁……三十多岁就'已老',四十多岁就去世了,后代自然就会'少孤'。"(第 300 页至第 301 页)宝国指出:这一情形,又"与家庭的经济状况有关","渡江南来的'朝士'大多居住在建康,除俸禄以外,他们并没有什么别的收入"(第 303 页),"就南朝实际情况看,在维持家族政治地位、社会地位方面,

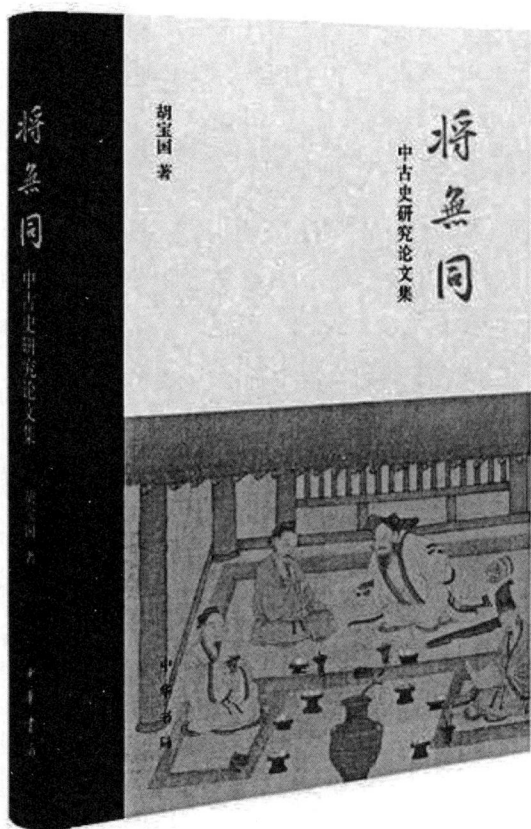

《将无同——中古史研究论文集》书影

最重要的并不在经济上是否富有，而在于文化"，"'少孤贫'的南朝士族人物，最后得以进入到社会上层基本都是靠文化"（第305页）。其实，"少孤贫"在汉代史籍中已频繁出现。如《史记》卷一〇四《田叔列传》"少孤贫困"。而《后汉书》卷四四《胡广传》、《后汉书》卷七六《循吏传·第五访》、《后汉书》卷五四《杨震传》李贤注引《续汉书》以及《后汉书》卷八〇下《文苑传下》"刘梁"与"侯瑾"的事迹，都可见"少孤贫"文字。《三国志》卷二四《魏书·王观传》"少孤贫励志"也说"少孤贫"。而"励志"一语，现代依然保持着生命力。"少孤贫"现象，拙著《秦汉儿童的世界》有所注意。但是却没有进行宝国《释"少孤贫"》这样从生命史、资产史和知识史等视角所作的综合分析。两相比较，不免愧怍。借取宋人杨万里的话，可谓"惟云泥之益悬，故影响之遂隔"（《与蒋丞相启》）。

对于庚子阅读收获作年度盘点，学术损益，得失在心。新年已近，读书心路的规划，应当更为合理。当然，通过读书求得心境健康的基本条件，是身体健康。近日熊长云副研究馆员书赠绍兴博物馆藏新莽镜铭文字，谨借用以与朋友们共勉："延年益寿去忧事，长乐万世益酒食。"

原题《读书删拾，每有新益》，载于《光明日报》2021年1月7日"光明悦读"

凤凰枝文丛

三升斋随笔	荣新江	著
八里桥畔论唐诗	薛天纬	著
跂予望之	刘跃进	著
潮打石城	程章灿	著
会心不远	高克勤	著
硬石岭曝言	王小盾	著
云鹿居漫笔	朱玉麒	著
老营房手记	孟宪实	著
读史杂评	孟彦弘	著
古典学术观澜集	刘宁	著
龙沙论道集	刘屹	著
春明卜邻集	史睿	著
仰顾山房文稿	俞国林	著
马丁堂读书散记	姚崇新	著
远去的书香	苗怀明	著
汗室读书散记	王子今	著
西明堂散记	周伟洲	著
优游随笔	孙家洲	著
考古杂采	张庆捷	著
江安漫笔	霍巍	著
简牍楼札记	张德芳	著

他乡甘露　　　　　　沈卫荣　著

释名翼雅集　　　　　胡阿祥　著

壶兰轩杂录　　　　　游自勇　著

己亥随笔　　　　　　顾　农　著

茗花斋杂俎　　　　　王星琦　著

远去的星光　　　　　李　庆　著

梦雨轩随笔　　　　　曹　旭　著

半江楼随笔　　　　　张宏生　著

燕园师恩录　　　　　王景琳　著

鼓簧斋学术随笔　　　范子烨　著

纸上春台　　　　　　潘建国　著

友于书斋漫录　　　　王华宝　著

五库斋清史存识　　　何龄修　著

蜗室古今谈　　　　　丰家骅　著

平坡遵道集　　　　　李华瑞　著

竹外集　　　　　　　朱天曙　著

海外娜嬛录　　　　　卞东波　著

耕读经史　　　　　　顾　涛　著

南山杂谭　　　　　　陈　峰　著

听雨集　　　　　　　周绚隆　著

帘卷西风　　　　　　顾　钧　著